Dr. Wolfgang Rost
Angelika Schulz

Unsere alltäglichen Ängste

Wie man mit Angst besser umgehen lernt

SÜDWEST

Inhalt

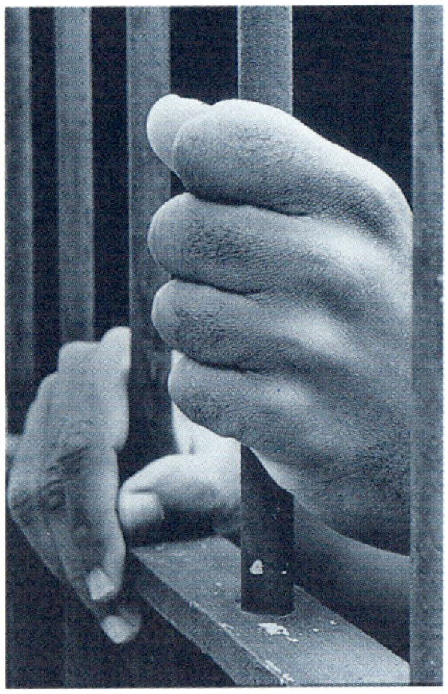

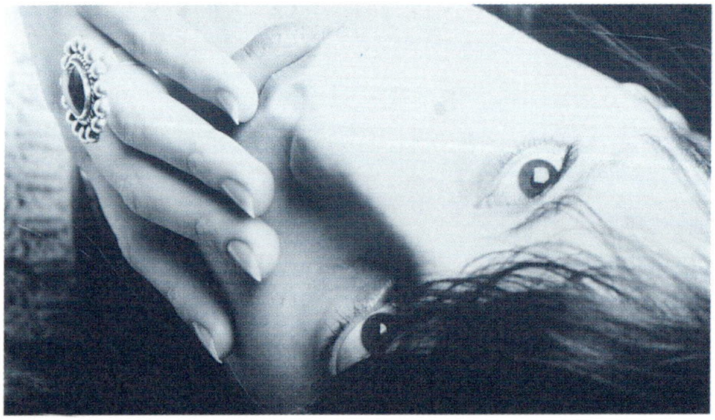

Vorwort

Es geht hier also um Angst, um etwas aus unserem Gefühlsleben, unserem emotionalen Erleben. Sicherlich kennt jeder von Ihnen viele, viele, Ängste. Kein Wunder! Genaugenommen können wir im Alltag Angst vor allem und jedem haben:

Angst ist nicht greifbar – und trotzdem erfaßt sie uns in durchaus greifbaren Situationen.

- vor Tieren – Hunden, Spinnen und Regenwürmern, Tigern und Löwen, Mäusen und Ratten
- vor den Launen der Natur (Dunkelheit, Gewitter, Hagelschauer, Nebel, Erdbeben, Sturmfluten und Überschwemmungen)
- vor Kontrollverlust über das Auto, den Partner und sich selbst
- vor Katastrophen (Bahnunglück, Flugzeugabsturz, Erdbeben)
- vor Blut, läppischen und lebensbedrohlichen Krankheiten, Schmerzen, Unfällen und Verletzungen
- vor dem Arzt, dem Psychologen, der Spritze, der Operation, dem Krankenhaus
- vor überstarken körperlichen Reaktionen (Zittern, Rotwerden, Herzrasen und anderem)
- vor Neppern, Schleppern und Bauernfängern, Mördern, Einbrechern, Bankräubern, Vergewaltigern, Entführern und Geiselnehmern
- vor Versagen (den Haushalt nicht in Ordnung zu haben, den Hochzeitstag zu vergessen, keine gesunden Nachkommen zu zeugen oder zur Welt zu bringen, ein schlechter Vater oder eine schlechte Mutter zu sein, bei Sex zu wenig zustande zu bringen, im Beruf zu langsam oder einfallslos zu sein)
- vor Neuem (einen Computer zu benutzen, per Auto in den Urlaub zu fahren, sich einer Kegelgruppe anzuschließen)
- vor Veränderungen (Umzug in eine andere Stadt, neue Arbeitsstelle, Trennung vom Partner, Ehe und Ehescheidung, Erwachsenwerden, Elternsein, Alter, Rentenleben)
- vor Ablehnung (auffallen oder nicht auffallen, unattraktiv sein, Gefühle zeigen, gegen Verhaltensregeln verstoßen, sich einem Konflikt zu stellen oder sich nicht zu stellen, Anforderungen nicht erfüllen können)
- vor Entscheidungen

- unhöflich, rücksichtslos, launisch, unzuverlässig oder unordentlich zu sein, sich eine Peinlichkeit zu leisten
- vor den berühmten Fettnäpfchen
- vor Feuer, einem Kurzschluß und Bränden (Bügeleisen oder die Kaffeemaschine abgeschaltet?)
- vor Menschenmengen (Kaufhaus, Theater, Kino, Hörsaal, Fußballstadion, Festzelt, Bus und Bahn)
- vor Höhen und Tiefen, Turm, Brücke, Abhang, Flugzeug, Bergbahn oder Sessellift
- vor engen und geschlossenen Räumen (Fahrstuhl, Umkleidekabine, enge Speisekammer, Telefonzelle)
- vor Bakterien und Viren, Strahlen, Chemikalien und allen möglichen anderen Schadstoffen und noch vielem mehr

So viele Ängste!
Und trotzdem war das noch längst nicht alles, vor dem man im Alltag Angst haben kann.
Es gibt noch viel, viel mehr. Haben Sie dennoch etwas hier gefunden, das Sie aus eigener Erfahrung kennen, am eigenen Leibe erlebt oder bei anderen miterlebt haben? – Na also!

Aber nun werden Sie fragen:

- Was ist eigentlich Angst?
- Muß das denn sein?
- Bin ich verrückt oder ist das normal?
- Wie kann ich damit umgehen, wenn sie schon nicht zu vermeiden ist?

Fragen über Fragen. All diese Fragen haben wir uns auch gestellt. Unsere Antworten darauf – in vielen Praxisjahren erprobt – finden Sie in diesem Ratgeber.

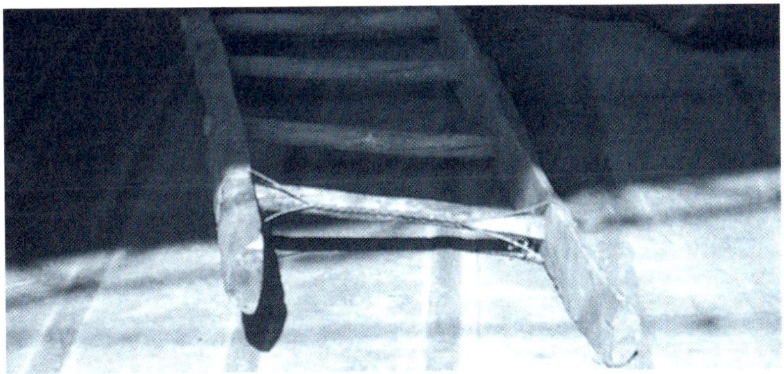

Durch das Dickicht und Gewirr unserer alltäglichen Ängste führt ein Weg, der sehr stark mit Tun und Handeln verbunden ist – denn nur dieses mindert unsere Ängste.

Angst im ganz normalen Alltag

Da gibt es nun eine Unzahl spezieller Ängste und einiges Rätselhafte, das bei all diesen Ängsten gleichermaßen Fragen über Fragen aufwirft. Solch Rätselhaftem gehen wir im ersten Kapitel auf den Grund.

Angst – was ist das eigentlich?

Angst ist der unangenehme Zustand, den jeder kennt und für sich selbst als Angst definiert.

In wissenschaftlicher und populärwissenschaftlicher Literatur treffen wir auf eine Fülle von Vorschlägen zur Definition und Beschreibung dessen, was nun eigentlich Angst ist. Nur berechtigt ist die Frage: Wer soll sich in diesem Wirrwarr noch zurechtfinden? Und damit noch nicht genug. Noch mehr Verwirrung stiften die mehr oder weniger spitzfindigen begrifflichen Unterscheidungen; beispielsweise wird mehr oder weniger geistreich versucht, Unterschiede zu finden zwischen Angst und Furcht oder zwischen Angst und Ängstlichkeit. Und in diesem Chaos von Unterscheidungen, Definitionen und Analysierereien stehen wir im Regen mit unseren ureigenen Ängsten und unseren vielen, vielen Fragen dazu.
Wir wollen Sie nicht im Regen stehen lassen und machen es deshalb mal anders. Es genügt hier, davon auszugehen, daß Angst der Zustand ist, den jeder für sich Angst nennt. Einig sind wir uns bestimmt darüber, daß es sich um den Zustand handelt,

- in dem es zu einem unangenehmen Erregungsanstieg kommt (mit Schwitzen, Herzklopfen, Zittern – und so manch anderen Veränderungen des Körpers)
- der zustandekommt, wenn wir eine Gefahr wahrnehmen, die wir durch Flucht zwar manchmal, aber längst nicht immer beseitigen können (die Beine in die Hand nehmen und vor dem Hund davonlaufen, den Telefonhörer auf die Gabel knal-

len, um mit dem Partner nicht weiter streiten zu müssen, aus dem Bett springen, wenn der Penis nicht das tut, was er soll und und und ...)
- dem wir durch Vermeidungsverhalten hin und wieder aus dem Wege gehen können (um dem unangenehmen Gefühl im Fahrstuhl zu entgehen, gleich die Treppe benutzen, um nicht angebellt zu werden, erst gar nicht am Gartentor mit dem kläffenden Hund vorbeigehen, damit es nicht zu einem Streit kommt, den Partner erst gar nicht anrufen, um im Bett nicht als Versager zu erscheinen)
- in den wir auch geraten, wenn wir an eine möglicherweise irgendwann einmal eintretende Bedrohung denken (eine schwere Krankheit, Trennung vom Partner, Arbeitslosigkeit und – na ja, Sie wissen schon).

Und das ist schon alles über den Zustand Angst, worüber wir uns einig sein müssen, damit wir uns in allen anderen Kapiteln verstehen.

Wozu Angst?

Wozu gibt es nun eigentlich Angst? Brauchen wir so etwas? Oder ist das vielleicht – wie es uns nicht selten erscheint – tatsächlich nur ein Störenfried in unserem Seelenleben?
Wie andere Gefühle oder Emotionen – da gibt es noch Freude, Trauer, Scham, Stolz, Eifersucht, Lust (nicht nur die sexuelle) und viele, viele mehr – ist Angst eine vitale Regung. Alle vitalen Regungen haben einen Sinn im Leben und für das Überleben; auch wenn das nicht immer so offensichtlich ist wie beim Hungergefühl, das uns anzeigt, daß Nahrung aufgenommen werden muß, oder beim Durst, der uns darauf aufmerksam macht, daß der Körper Flüssigkeit braucht.

Wir brauchen die Angst, damit sie uns vor Gefahren warnt und hilft, das Bewältigungsverhalten zu motivieren.

Wozu ist aber nun Angst gut? Angst bewahrt uns vor Gefahren, indem sie uns auf solche aufmerksam macht, Bewältigungsverhalten (zum Beispiel vor einem gefährlichen Tier fliehen) in Gang setzt oder das Erlernen neuer Bewältigungsverhalten motiviert (den Deckel eines heißen Topfes fassen wir mit einem Tuch oder einem Topflappen an, auf wichtige Gespräche bereiten wir uns vor, unsere Autos statten wir mit Winterreifen aus, Wertgegenstände bewahren wir an sicheren Orten auf – und nicht nur dieses Wissen haben wir der Angst zu verdanken). Auch zeigt sie anderen, daß wir Angst haben und eventuell Hilfe brauchen. Zu alldem gehört auch, daß im Körper Energie bereitgestellt wird; zu diesem Zweck verändert sich die Konzentration verschiedener Hormone, die als Botenstoffe in unserem Organismus tätig sind (dazu zählt beispielsweise der berühmte Adrenalinstoß). Wir merken das daran, daß sich in unserem Körper einiges tut; da ändern sich nicht nur die Körpertemperatur und Muskelspannung (steigen an), sondern auch Blutdruck und Blutzuckerspiegel nehmen zu, Blutverteilung (vom Gehirn in die Muskeln) sowie Herz- und Atemfrequenz werden höher; und daher kommen die uns oft so lästigen Begleiterscheinungen von Angst wie Anspannung, Zittern, Schwitzen, Hitze- und Kältewallungen, Herzrasen, vermehrter Harndrang, Übelkeit, Benommenheit, – was reden wir da, das kennen Sie ja sicher selbst besser, als Ihnen so manches Mal lieb ist.

Angstmimik, ein sprachloses Zeichen für den anderen

Wir verstehen die Angst anderer Menschen, auch wenn wir ihre Sprache nicht kennen.

Übrigens, keine Panik, wenn ihr Körper nicht all diese Angstzeichen produziert; es ist keineswegs so, daß bei allen Menschen die gleichen körperlichen Reaktionen vorkommen – dafür sind wir schließlich Individuen, jeder für sich ein einzigartiges Lebewesen. Diese Veränderungen im Organismus stellen die Energie bereit, die wir brauchen, um Gefahren zu bewältigen. Aber die von uns oft verteufelten Reaktionen unseres Körpers bei Angst haben noch einen weiteren wichtigen Zweck. Sie zeigen unseren Mitmenschen, daß wir Angst haben – und das nicht nur durch unseren ängstlichen Gesichtsausdruck, für den Veränderungen der Gesichtsmuskeln verantwortlich sind.

Obwohl es uns oft peinlich ist, wir uns schämen oder uns entlarvt fühlen, wenn andere merken, daß wir Angst haben, sollten wir diese kommunikative Funktion von Angst nicht nur verteufeln. Nur so bekommen wir vielleicht Unterstützung bei der Bewältigung von Gefahren, wenn wir nicht durch Worte (Ich habe Angst, hilf mir!) darum bitten können; denken wir beispielsweise an Säuglinge, die der Sprache nicht mächtig sind, an Menschen aus fremden Ländern, deren Sprache wir nicht verstehen, an uns selbst, wenn wir uns in Ländern aufhalten, in denen unsere Sprache nicht verstanden wird, an Situationen, in denen die Geräuschkulisse unsere Stimme übertönt, oder an Krankheiten, die unsere Stimme versiegen lassen.

Woher kommen Ängste?

Wie kommt es nun aber, daß wir in manchen Situationen Angst haben, in anderen aber noch nicht einmal im Traum daran denken, ängstlich zu sein? Ist uns das in die Wiege gelegt oder haben wir das irgendwann einmal gelernt – wie das 1 x 1 oder anderes? Und wie kommt es, daß verschiedene Menschen gleiche, aber auch unterschiedliche Ängste haben?

Angst ist zum Teil angeboren und zum Teil erworben oder gelernt. Angeboren ist die Stärke einer Neigung, Angst zu erleben. Dann gibt es aber auch spezielle Ängste, die wir sozusagen mit auf die Welt bringen. Solche Ängste erkennen wir daran, daß Kinder, die noch nie in einer bestimmten Situation waren, mit Angst reagieren; ein Beispiel dafür ist die Acht-Monats-Angst (das Fremdeln) des Säuglings.

Wir wissen von Kindheit an, daß im Wald die Räuber sind.

Für eine angeborene Angstreaktion auf bestimmte Reize spricht auch, daß es Ängste gibt, die häufiger vorkommen als andere; so ist es zu erklären, daß Angst vor Schlangen, Spinnen, Mäusen, Dunkelheit, Einsamkeit, geschlossenen Räumen, Abgründen, Krankheit, Gewittern und vielem mehr weit häufiger vorkommen als Ängste vor Tapeten, Bäumen, Steckdosen usw. Angeboren sind Ängste, die sich im Laufe der stammesgeschichtlichen Entwicklung für das Überleben als wichtig erwiesen haben. Ängste können wir auch auf vielerlei Art erlernen.

Da ist zunächst das Lernen an Modellen

Wir bekommen mit, daß andere Angst vor etwas haben oder durch irgend etwas geschädigt wurden. Daraus lernen wir, daß wir uns vor dem hüten sollten, was ihnen Angst macht oder Schaden zugefügt hat. Besonders gute Lernmodelle sind Personen, die uns nahestehen (Eltern, Großeltern, Geschwister, Freunde und viele andere) sowie Menschen, die uns irgendwie ähnlich sind (gleiches Alter, Hobby, gleicher Beruf und so weiter und so fort). So lernen wir Angst zu haben vor Situationen, die wir selbst noch nicht erlebt haben, und entsprechend vorsichtig zu sein (bevor wir das Haus verlassen, zu kontrollieren, ob der Herd abgeschaltet ist, als Anfänger einen Skikurs zu besuchen, eine Party vorzubereiten, als Frau spätabends nicht alleine durch dunkle Gassen zu gehen und vieles mehr).

Für den einen ist eine Bootsfahrt ein himmlisches Vergnügen, das ihm von Kindheit an von den Eltern und Geschwistern beigebracht wurde und ihn ein Leben lang begleitet.

Für den anderen ist eine Bootsfahrt eine angstauslösende Vorstellung, verbunden mit Unfallängsten, Ertrinkensängsten und wehmütigen Gedanken und Stimmungen.

Angst ist lernbar

Auch lernen wir durch eigene Erfahrung. Haben wir etwas getan, das negative Folgen für uns oder für andere hat, werden wir beim nächsten Mal vorsichtiger oder lassen es ganz bleiben. Sind wir beim Schlittschuhlaufen auf einem Gewässer ins Eis eingebrochen, testen wir beim nächsten Mal zunächst die Eisdicke oder hören auf warnende Stimmen anderer, haben wir einen Strafzettel bekommen, sehen wir uns beim nächsten Mal länger nach einem Parkplatz ohne Parkverbot um, sind wir in einem Fahrstuhl steckengeblieben, kann es sein, daß wir zukünftig immer die Treppe benutzen, sind wir krank geworden, weil wir bei Eiseskälte mit nassen Haaren rumgelaufen sind, werden wir sie fürderhin trocknen, bevor wir uns in die Kälte wagen – aber wir machen noch viel viel mehr negative Erfahrungen. Eine andere Möglichkeit, Ängste zu bekommen, besteht darin, daß wir Ähnlichkeiten wahrnehmen. Da ist zunächst irgend etwas oder irgendwer, vor dem wir Angst haben: Andere Lebewesen, Dinge oder Situationen sind den ursprünglichen Angstreizen irgendwie ähnlich. Wegen der von uns festgestellten Ähnlichkeit kann es sein, daß wir die Angst vor dem einen Reiz auf den ähnlichen übertragen – allen Orten, wo viele Menschen sind (erst war es das Kaufhaus, dann das Kino, die Kirche, das Theater, der Marktplatz, das Fußballstadion, und nicht nur da stoßen wir auf Menschengewimmel), allen engen und geschlossenen Räumen (zunächst war es der Fahrstuhl, dann die Bergbahn, die Umkleidekabine im Schwimmbad, die Telefonzelle und vieles mehr), vor allen elektrischen Geräten (zunächst wurde x-mal kontrolliert, ob der Stecker des Bügeleisens herausgezogen ist, dann, ob die Stecker von Kaffeemaschine, Eierkocher, Rasierapparat und anderem nicht in der Steckdose sind), allen öffentlichen Verkehrsmitteln (erst war es die U-Bahn, dann die S- und Straßenbahn, der Stadtbus und Zug), und nicht nur dabei entstehen Ängste durch gefundene Ähnlichkeiten.

Angst macht all das, was wir wegschieben, anstatt uns damit auseinanderzusetzen.

Angst entsteht durch Uninformiertheit

Ängste entstehen auch dann, wenn wir uns mit dem, was im Alltag wichtig ist, nicht beschäftigen wollen und es statt dessen versuchen, wegzuschieben oder in uns hineinzufressen. Das kann vielerlei sein: Gefühle, die wir nicht durchleben und ausleben, ungelöste Konflikte, anstehende Aufgaben, unerledigte Verpflichtungen, Tabuthemen (Na, was möchten Sie gerne unter den Teppich kehren?). Überall dort, wo das Wegschieben oder Hineinfressen der Angelegenheit keine Lösung bringt, können Ängste entstehen. Und da sich kaum etwas so lösen läßt (durch das Verbergen von Unsicherheit werden wir nicht sicherer, durch unser Runterschlucken von Ärger räumt der liebe Ehemann seine Zahnbürste sicher nicht weg, unterdrücken wir unsere sexuelle Lust, kommen wir bestimmt nicht zu einer schönen Liebesnacht – und was wir sonst noch alles nicht lösen), ist dies eine ganz wichtige Angstquelle (wir bekommen Angst vor Unsicherheit, vor eigenem Ärger, vor sexueller Lust – und allem möglichen anderem). Und das waren schon die wichtigsten Prozesse für die Entstehung von Angst. Ein wenig künstlich ist diese Unterscheidung von Vorgängen, die uns ängstlich werden lassen, schon; denn verschiedene dieser Prozesse können miteinander verflochten sein. So können wir beispielsweise erfahren, daß es negative Folgen hat, wenn wir mit einem Fahrstuhl fahren (er bleibt stecken, uns wird schwindelig, wir bekommen keine Luft, und was dort sonst noch alles passieren kann). Wir lernen so, vor dem Fahrstuhlbenutzen Angst zu haben. Später stehen wir vor dem Fahrstuhl, bekommen Angst, steigen deshalb nicht ein und stellen fest, im Moment geht es uns besser, wenn wir nicht mit dem Fahrstuhl fahren. Aber eben nur im Moment; denn mit jedem Nichtbenutzen des Fahrstuhls wird die Angst davor größer. Nun gibt es aber noch eine Menge anderer Faktoren, die innerhalb dieser Lernprozesse dazu beitragen, daß wir Angst bekommen.

Was wir nicht kennen, worüber wir auch keine Informationen haben, das macht uns Angst.

Mangel an zutreffenden Informationen

Wenn wir über etwas nicht genug Zutreffendes wissen, fühlen wir uns hilflos, ausgeliefert, können etwas nicht richtig einschätzen und überschätzen dann oft die Gefahr (da liegen wir auf dem Zahnarztstuhl, wissen nicht, was in unserem Mund vor sich geht, ob und wann es weh tun wir, eine Krankheit wird bei uns festgestellt, wir verstehen den lateinischen Namen nicht, wissen nicht, was wir haben, woher das kommt, was daraus werden kann, wir wollen zum ersten Mal fliegen, wissen nicht, was wir am Flughafen tun müssen, wie es uns im Flugzeug geht, was passiert, wenn in der Luft ein Defekt am Flugzeug auftritt – und nicht nur hier spielt der Mangel an zutreffenden Informationen eine große Rolle dabei, daß wir ängstlich sind). Auch kann es sein, daß wir Angst haben, weil unsere Informationen über etwas falsch sind (wir glauben, wenn das Herz schnell oder unregelmäßig schlägt, ist das immer ein Zeichen für eine Herzkrankheit, wir denken, wenn wir beim Computer eine falsche Taste drücken, ist er kaputt und vieles mehr). Hier lernen wir, Angst zu haben, weil wir wegen fehlender oder falscher Informationen negative Erfahrungen erwarten. Über weitere solcher Faktoren, die in den Prozessen beim Lernen von Angst ein Rolle spielen, sprechen wir in den Kapiteln über spezielle Ängste.

Warum geht Angst nicht einfach wieder weg?

Was treibt uns bloß dazu, unsere nützliche, aber auch unsere oft so lästige und sogar furchtbare Angst zu behalten? Warum geht sie nicht einfach weg, wenn wir sie nicht brauchen? – Wie oft haben Sie sich das schon gefragt? – Die Antwort erscheint einfach. Verantwortlich dafür sind mal wieder unsere Erfahrungen, positive und negative.

Angst brauchen wir, weil sie uns warnt und zum Handeln veranlaßt.

Einleuchtend ist, daß die Angst nützlich für uns ist, weil sie uns auf Gefahren aufmerksam macht, uns zum Handeln veranlaßt und uns so hilft, keinen Schaden zu nehmen. Diese Angst behalten wir, weil sie positive Folgen für uns hat. Nun können wir merken, es hat auch andere positive Folgen, wenn wir ängstlich sind; und hier kommt es nicht darauf an, ob die Angst wirklich nützlich ist. Wie das sein kann? Ganz einfach. Es kann sein, daß andere (Eltern, Gatten und Gattinnen, Freunde, Arbeitskollegen und mit wem wir sonst noch immer zu tun haben) sich mehr um uns kümmern und mehr für uns tun, wenn wir Angst haben (dann nicht auf dem Fußballplatz oder zum Kaffeekränzchen gehen, Besorgungen für den Haushalt machen, uns öfter in den Arm nehmen und was wir uns noch von ihnen wünschen). Es ist doch schön, wenn wir mehr Zuwendung und Unterstützung erhalten, besonders dann, wenn das andernfalls nicht so wäre! – Oder? Auch das Vermeiden dessen, was uns nicht geheuer ist, führt dazu, daß wir unsere Angst behalten. Und das liegt daran, daß wir in dem Moment, in dem wir dem Angstmacher aus dem Wege gehen, merken, wie es uns besser geht – Unwohlsein, Unsicherheit und Angst verschwinden, wir sind erleichtert, wenn wir nicht auf den Turm steigen, das Gespräch mit dem Chef

Angst vor etwas, von dem wir nicht wissen, was es genau ist und wann es eintreffen wird, plagt uns häufig. Dazu kommt die Frage: Ist das normal?

doch nicht stattfindet, den dubiosen Geldautomat nicht benutzen müssen, nicht aus dem Haus gehen, bevor wir den Herd noch einmal kontrolliert haben, noch einmal die Hände gewaschen haben, bevor wir den Kochtopf anfassen und anderes.

Wieviel Angst gehört dazu?

Wer hat sich noch nicht die Frage gestellt: Ist meine Angst normal, habe ich zuviel – zu oft oder zu stark – Angst, oder sollte ich mir gar mal ernsthaft überlegen, etwas dagegen zu tun? Angst ist also etwas, was zum Leben gehört – nicht nur bei Menschen, sondern auch bei Tieren, was sogar zum Überleben notwendig ist. Zugleich spüren wir aber, daß Angst unseren Alltag – unsere Zufriedenheit, Freude, Leistungsfähigkeit – na ja, eben unsere Lust am Leben – ganz schön beeinträchtigen kann. Und dieses Spannungsfeld zwischen Nutzen und Kosten der Angst wollen wir jetzt zu durchleuchten versuchen. Ein Versuch muß es bleiben, weil es keine allgemein gültige Unterteilung von nor-

Angst kann so stark empfunden werden, daß die Lust am Leben stark davon eingeschränkt wird.

maler, auffälliger und krankhafter oder behandlungsbedürftiger Angst gibt. Es lassen sich jedoch Kriterien finden, die helfen, eine solche Abgrenzung vorzunehmen. Dabei geht es um Gefahren oder Bedrohungen. Was ist das nun wieder? Eine Gefahr oder Bedrohung kann ausgehen von tatsächlich vorhandenen Objekten oder eingetretenen Ereignissen (einem Einbrecher, einer umgefallenen brennenden Kerze, einer spiegelglatten Fahrbahn, einer schweren Krankheit, einem defekten Flugzeug in der Luft, einem Geisterfahrer auf der Autobahn und vielem mehr), von eigenen Empfindungen (Atemnot, Schmerzen aller Art, Schwindel usw.) sowie von gedanklichen Vorstellungen und Erwartungen: auf der morgigen Party nicht amüsant zu sein, heute abend zu spät in den Volkshochschulkurs zu kommen, wegen der nicht fertiggestellten Arbeit am Montag vom Chef angebrüllt zu werden, beim nächsten Elternsprechtag im Gespräch mit dem Lehrer des Sprößlings unsicher zu wirken, die bevorstehende Fahrprüfung nicht zu bestehen, vor der nächsten Reise zu vergessen, den Herd abzuschalten – und was wir uns in unseren Köpfen noch ausmalen.
Eine Einstufung des Angsterlebens als auffällig bis hin zu krankhaft liegt nahe, wenn:

- dem Erleben von Angst keine reale Bedrohung zugrundeliegt
- die Bedrohlichkeit einer konkret vorhandenen oder erwarteten Gefahr überschätzt wird
- Angst erlebt wird, obwohl keinerlei Gefahr oder Bedrohung vorliegt.

Diese Kriterien sind sehr allgemein und lassen somit viel Spielraum für eigenes Urteilen und Empfinden. Nicht immer ist es so einfach wie bei den folgenden Beispielen: Hat jemand, der unheilbar an Krebs erkrankt ist, Angst zu sterben, liegt eine reale Bedrohung vor – die Angst ist gerechtfertigt. Besteht die Angst zu sterben bei jemandem, der an einer Grippe erkrankt, ansonsten aber körperlich völlig gesund ist, wird die Bedrohlichkeit einer vorhandenen Gefahr überschätzt, da die Wahrscheinlichkeit, an einer Grippe zu sterben, bei jemandem, der körperlich völlig gesund ist, kaum besteht. Wenn wir in den folgenden Kapiteln spezielle Ängste beleuchten, treffen wir auf viele weitere Beispiele für die Anwendung dieser zugegebenermaßen etwas schwammigen Kriterien. Gut für uns ist Angst in einer mittleren Stärke – das gilt für alle Bedrohungen, ob sie nun tatsächlich eingetreten sind oder von uns erwartet werden, in unserem Kopf

existieren. Bei einer Gefahr, keine Angst zu spüren, ist für uns ebenso ungünstig wie zuviel davon.
Erleben wir keine Angst, können wir Schaden nehmen, weil wir eine Bedrohung nicht erkennen und nicht wissen, daß wir etwas tun müssen. Ist unsere Angst zu stark, blockiert sie uns, wir können nicht aktiv werden, um der Gefahr zu entgehen. Für persönliche Entscheidung darüber, ob Ihre Angst normal, auffällig oder krankhaft ist, sollten Sie sich fragen: Wie stark leide ich unter meiner Angst? – Dazu gehören Fragen wie: Ist durch die Angst meine Zufriedenheit und meine Lust am Leben beeinträchtigt? Kann ich aufgrund meiner Angst beruflichen oder privaten Verpflichtungen nicht mehr nachkommen? Muß ich deswegen unnötige, erhebliche Nachteile in Kauf nehmen? Muß ich deshalb auf Annehmlichkeiten verzichten? – Werden solche Fragen mit Ja beantwortet, ist die Angst auffällig oder gar krankhaft, denn es besteht das, was in der Psychologie Leidensdruck heißt.

Wie wehren wir Gefahren und Angst vorübergehend ab?

Aber nun können wir ja nicht andauernd Angst haben! – Wie wehren wir uns tagaus tagein gegen Gefahren und Angst? Da haben wir einige Prozesse zur Abwehr von Gefahr und Angst; in der Psychologie werden diese „Abwehrmechanismen“ genannt. Das sind Prozesse oder Vorgänge wie:

- Verleugnen – das, was bedrohlich ist, uns ängstigt, verneinen wir, wollen wir nicht wahrhaben: Ich bin nicht wirklich todkrank. Mir passiert nichts! Die Scheidung wird nicht stattfinden! – und vieles mehr wollen wir nicht so wahrhaben, wie es aber tatsächlich ist.
- Bagatellisieren – die Gefahr wollen wir kleiner machen als sie in Wirklichkeit ist oder tatsächlich von uns empfunden wird: Es wird schon nicht so schlimm sein! Es gibt Schlimmeres! Es wird nicht so bald passieren! usw.
- Verdrängen – über das, was uns bedrohlich erscheint, uns Angst macht, wollen wir nicht nachdenken: Wer kennt nicht die von lieben Mitmenschen gut gemeinten, bei starker Angst aber wenig hilfreichen Ratschläge: Denk nicht mehr dran!

Der Leidensdruck wächst in dem Maße, in dem Angst im persönlichen Leben zum alles beherrschenden Lebensgefühl wird.

Hör auf, darüber nachzugrübeln! Und was wir da sonst noch hören oder uns selbst sagen.

- Vermeiden – dem, was uns gefährlich erscheint, Angst bei uns auslöst, wollen wir aus dem Wege gehen: Fahrstuhl, Stadtbus, Flugzeug, Bergbahn und anderes benutzen wir nicht mehr; damit wir wegen unserem dicken Po nicht belächelt werden, gehen wir nicht mehr ins Schwimmbad, damit wir uns mit den Schwiegereltern nicht streiten, laden wir sie nicht mehr ein. Na, was meiden Sie so alles?
- Verantwortung und Selbständigkeit abgeben – um mit dem, was gefährlich ist oder uns so erscheint und uns ängstigt, nicht konfrontiert zu werden, gehen wir in unserer Persönlichkeitsentwicklung ein paar Schritte zurück, geben Verantwortung und Selbständigkeit ab und lassen andere für uns das tun, wovor wir Angst haben: Schließ du die Tür ab! Sprich du mit meinem Chef! Faß mich im Fahrstuhl bei der Hand! Und noch bei vielem anderen machen wir uns zum Kind, das gerade dies ja nicht so gut kann, und nehmen vielleicht sogar wieder kindliche Verhaltensweisen an wie kindliches Sprechen, Bitten und Betteln oder zeigen eine übertriebene körperliche Anhänglichkeit.

Wer sich nicht dauernd seiner Angst ausliefern möchte, muß Prozesse in Gang setzen, die ihn zeitweilig von der Angst befreien.

- Durch körperliche Symptome ausdrücken – das, was uns gefährlich erscheint, bei uns Angst auslöst, unterdrücken wir, und es kommt in körperlichen Symptomen zum Ausdruck: statt den Ärger, die Angst, die Trauer, die Freude usw. auszudrücken und zu durchleben, zeigen sich körperliche Reaktionen wie Zittern, Erröten, Herzrasen, Kopf- und Magenschmerzen, Kloß im Hals, weiche Knie und andere körperliche Symptome.
- Zwanghaftes Verhalten – sinnvolles Bewältigungsverhalten führen wir in übertriebenem Maße aus (um nicht zu spät zu kommen, sind wir eine halbe Stunde vor dem Termin zur Stelle; damit der Herd abgeschaltet ist, sehen wir dreimal, viermal und noch öfter nach; damit wir uns nicht mit irgend etwas infizieren, waschen wir uns die Hände, jedes Mal, nachdem wir etwas angefaßt haben; damit wir den Hochzeitstag bloß nicht vergessen, denken wir andauernd daran. Und nicht nur dort wird sinnvolles Verhalten übertrieben, um der Gefahr und Angst zu begegnen.
- Gegenteilige Reaktionen – nehmen wir etwas (Gefühle, Eigenschaften, Meinungen, Impulse verschiedener Art und anderes) an uns wahr, das wir nicht wahrhaben wollen, das uns Angst macht, verkehren wir unsere Reaktion ins Gegenteil,

um die Stärke des Ungewollten zu mindern: Statt uns über den anderen so richtig zu ärgern, bekommen wir Schuldgefühle, statt einer übergroßen Eßlust nachzugeben, verzichten wir auf die Mahlzeit und haben keinen Hunger, statt starke sexuelle Lust auszuleben, haben wir überhaupt keine Lust mehr auf Liebesspielchen und verspüren keine Erregung. Und nicht nur dort verkehren wir das für uns Gefährliche, Beängstigende ins Gegenteil.

- Ablenkung – bei einer tatsächlichen oder vermeintlichen Gefahr, die Angst hervorruft, wollen wir die erlebte Spannung vermindern:
  Durch Essen, Trinken, Rauchen, Fernsehen, Lesen, über etwas anderes reden, angenehme Tagträume, sportliche Aktivitäten, in die Arbeit stürzen. Und das waren nur einige der unzähligen Ablenkungsmöglichkeiten im Alltag.

Ablenkung durch etwas, was mit der Angst nichts zu tun hat. Durch einen Einkaufsbummel kann man eine Weile die eifersüchtigen Gedanken an den Ehemann in den Hintergrund drängen.

Gemeinsam ist all diesen Mechanismen, daß wir mit ihrer Hilfe eine Gefahr und die Angst abwehren wollen. Damit ist noch nichts darüber gesagt, ob das auch wirklich gelingt.

Kann man Angst einfach wegschieben?

Weggeschobene Angst bleibt Angst und kehrt stets zum „Tatort" zurück.

Wenn ich meine Angst wegschiebe, spüre ich sie nicht mehr! Wenn ich sie zulasse, steigere ich mich in die Angst hinein! – Na, kommen Ihnen diese Gedanken bekannt vor? Und wenn man so etwas auch noch so oft hört, so ist und bleibt es doch falsch. Sinnvoll sind die Mechanismen zur Abwehr von Gefahren und Angst dort, wo sie tatsächlich geeignet sind, eine Bedrohung zu beseitigen, ihr vorzubeugen oder dieser aus dem Wege zu gehen. Wenn wir mit dem Zug fahren und so eisglatte Autobahnen meiden, kontrollieren, kein ungewaschenes Gemüse essen oder anderes tun. Nützlich sind sie auch dann, wenn sie uns helfen, so lang nicht durch die Angst an allem anderen gehindert zu sein: Wenn wir am Montag bei der Arbeit nicht an den uns ängstigenden Theaterbesuch am Samstag denken, sondern erst am Montagabend nach den Nachrichten, nicht während des Essens an den in zwei Tagen bevorstehenden Zahnarztbesuch denken und uns damit erst morgen nach dem Frühstück beschäftigen. Na ja, so etwas kennen Sie ja selbst. Hilfreich können Abwehrmechanismen auch als Regulative sein, die helfen, die zu große Angst soweit zu vermindern, daß sie eine mittlere Stärke erreicht. So kommen wir von einer blockierenden, lähmenden und hemmenden Angststärke zu einer, bei der wir handlungsfähig sind: Wenn wir uns in Begleitung der Mutter das erste Mal zum Frauenarzt trauen und beim nächstenmal alleine hingehen, wenn der Gedanke: Es wird nicht so schlimm werden! hilft, uns auf das Gespräch mit dem Chef vorzubereiten, statt diesem Jahr und Tag aus dem Wege zu gehen. Und bei anderem können Abwehrmechanismen als Regulative gute Dienste leisten. Problematisch wird die Sache jedoch dann, wenn diese Mechanismen exzessiv angewendet werden – auch dann, wenn keine Gefahr besteht oder eine Bedrohung so nicht beseitigt, einer Gefahr so nicht vorgebeugt werden kann; dann dienen sie nur noch dem unbedingten Wegschieben der Gefahr und der Angst.

Und das macht alles nur noch schlimmer. Auch weggeschobene Angst bleibt Angst; ebenso bleibt eine weggeschobene Bedrohung eine Bedrohung. Beim nächsten Auftauchen eines Angstinhalts und eines Beweises darauf (einer Krankheit, eines Gewitters, eines Konflikts, eines vermeintlichen oder tatsächlichen Versagens oder was sonst auch immer) ist die Angst wieder da. Wie sollte es auch anders sein? Wir haben ja immer noch keine Strategie gefunden, wie wir mit der jeweiligen Situation angemessen umgehen können. Sicherlich können wir so manchen angstauslösenden Situationen wie Fahrstühlen, öffentlichen Verkehrsmitteln, fremden Menschen, Ratten, Liebesakten und aufdringlichen Vertretern aus dem Wege gehen, sie vermeiden. Schön und gut, aber nur im ersten Moment. Aber was dann? – Und gerade da liegt der Hase im Pfeffer! In unserem Alltag treffen wir immer wieder auf etwas – sei es real, in Gesprächen, in den Medien usw., das uns an unsere Angst erinnert, die Abwehr aufhebt oder zumindest ins Wanken bringt. Und damit noch nicht genug. Mit jedem Wegschieben des Angstmachers und der Angst – der Benutzung eines Stadtbusses, des Anstellens in einer Menschenschlange am Samstag im Supermarkt, des Zurückforderns eines geborgten Geldbetrages oder des Fertigstellens der Steuererklärung, der Krankheit, des Konflikts oder anderem – wird die jeweilige Angst stärker. Das ist aber immer noch nicht alles, was beim Wegschieben von Angst passiert. Werden Gefühle weggeschoben, entsteht Angst vor diesen Gefühlen. Davon bleibt auch die Angst nicht verschont.

Wenn man Gefühle wegschiebt, entsteht Angst vor diesen Gefühlen. Genauso ist es mit der Angst.

Angst vor der Angst

So kommt zu der Angst vor einem Ereignis, einem Objekt, einer Empfindung oder Vorstellung Angst vor der Angst hinzu. Auch wenn sich Ihnen schon jetzt die Haare sträuben, waren das noch immer nicht alle Folgen des Angstwegschiebens. Ängste weiten sich aus – auf solche Objekte, Ereignisse, Empfindungen oder Vorstellungen, die dem ursprünglichen Angstinhalt oder Angstreiz ähnlich sind. Erinnern Sie sich? – Lernen durch das Erkennen von Ähnlichkeiten! So kann es sein, daß jemand das Fahren mit einem Stadtbus vermeidet. Aber auch in einem Zug sind viele Menschen, und wir können nicht jederzeit aussteigen – so kommt es zusätzlich zur Angst vor dem Zugfahren. Dann sind da ja auch noch S-, U- und Straßenbahnen – lieber auch die nicht mehr benutzen. Auch in einem Kaufhaus, Kino, einer Kirche, und nicht nur dort sind viele Menschen – mit der Zeit (bekanntlich geht ja kaum etwas von jetzt auf gleich) macht auch das Angst. Sicher können Sie sich vorstellen, wie das enden kann; die Wohnung, die dann nicht mehr verlassen werden kann, scheint der einzige Ort zu sein – aber auch nur dann, wenn da nicht noch Angst vor dem Alleinsein ist. Trotzdem war das noch immer nicht alles, was aus dem Wegschieben von Angst werden kann. Weggeschobenes bleibt irgendwo, nämlich in problematischem Verhalten oder Beeinträchtigungen des Befindens.

Problematische Verhaltensweisen

Oftmals resultieren diese aus der exzessiven Anwendung von Abwehrmechanismen oder einer unvollständigen Abwehr. Dazu gehören beispielsweise:

Wer seine Angst abwehren möchte, legt oft Verhaltensweisen an den Tag, die den lieben Nächsten vor harte Proben stellt.

- unkontrolliertes Essen (Nervennahrung, Frustfressen)
- überhöhter Alkoholkonsum (der kurzfristig vergessen läßt)
- Gereiztheit im Kontakt mit anderen
- Lügen (keine Zeit, ins Kaufhaus zu gehen)
- fadenscheinige Ausreden erfinden (habe Migräne, deshalb kann ich nicht mit dir schlafen)
- zickiges sowie feindseliges Verhalten, statt einen Konflikt auszutragen (anhaltendes Nörgeln über Nebensächlichkeiten, den anderen ignorieren, sonst übliche Nettigkeiten abstellen – oder wie Ärger sonst auch immer hintenrum rauskommen kann)
- zwanghaftes Verhalten wie ständiges Kontrollieren oder andauerndes Händewaschen
- Abhängigkeit von anderen Menschen – und vieles mehr.

Wohlbekannt sind auch Beeinträchtigungen sowohl des körperlichen als auch des seelischen Befindens; da kennen wir den Spannungskopfschmerz, Bluthochdruck, Impotenz, Magenbeschwerden, Verdauungsstörungen, Hauterkrankungen, Reizblase und Bettnässen, Krebserkrankungen unterschiedlicher Art, deprimiert sein, Minderwertigkeitsgefühle, Selbstzweifel, Konzentrationsschwierigkeiten und Gedächtnisschwäche – lassen wir es erst einmal gut sein, aber zu Ende ist diese Latte von Beeinträchtigungen noch nicht. Und da soll jetzt noch einer sagen, es sei gut, Angst wegzuschieben! Weder entgehen wir so der Gefahr, noch beseitigen wir auf diesem Wege die Angst. Im Gegenteil – wir kommen sozusagen vom Regen in die Traufe.

Angst warnt uns vor Gefahren

O Schreck, o Graus! Das kann ich nicht! – Die Angst übermannt mich, frißt mich auf. Hart klingt es, aber herzlich gemeint ist es, wenn wir Ihnen dazu sagen: Alles Unfug! Was hilft es uns, wenn wir die Angst zulassen, sie erleben und durchleben? Zunächst kann das Angstgefühl nur dann seine natürlichen Aufgaben erfüllen, wenn wir es überhaupt wahrnehmen. Nur wenn wir die Angst erleben, kann sie uns vor einer Gefahr warnen, uns zeigen, daß wir etwas tun müssen, um der Gefahr zu entgehen, uns darauf hinweisen, daß wir etwas Neues lernen müssen, um mit einer Bedrohung fertig zu werden, und anderen zeigen, daß wir Hilfe brauchen. Aber noch mehr bringt uns das Zulassen von Angst. Nur wenn wir unsere Angst nicht wegschieben, können wir spüren, wie sie weniger wird und weggeht, wenn wir etwas tun, um einer Gefahr zu entgehen. Und das Fühlen, wie die Angst abnimmt und sich in Wohlgefallen auflöst, ist wichtig, damit wir merken, daß unsere Strategien zur Angstbewältigung die richtigen waren. Wir müssen unseren Erfolg am eigenen Leibe hautnah erleben; es reicht, besonders bei starker Angst, nicht aus, wenn der Verstand uns sagt, daß wir etwas Sinnvolles getan haben. Mal sehen, ob ich's richtig mache, so daß es nicht gefährlich ist! – Was wohl mit der Angst passieren wird?

Angst zulassen bedeutet im konkreten Einzelfall: den Fahrstuhl doch betreten und abwarten, was die Angst mit einem macht.

Wenn die Angst zuschlägt

Meist merken wir erst dann, wenn wir die Angst tatsächlich erleben, daß es sich nicht um ein grausames Gefühl handelt, das uns einfach so übermannt. Nein, wir stellen fest, daß wir etwas gegen die Gefahr und damit auch gegen die Angst tun können. Wir spüren, daß wir gegenüber der Angst nicht hilflos sind, daß Angst also nichts ist, das uns einfach so übermannen oder auffressen kann. Diese Erfahrung ist notwendig, damit wir keine Angst vor der Angst haben müssen. Das Zulassen der Angst kann sowohl in der Vorstellung (wir stellen uns den Angstmacher möglichst genau vor), als auch in der Realität erfolgen.

Sofern es nicht tatsächlich eine schwerwiegende Bedrohung ist, ist es immer besser, die Angst in der realen Situation zu erleben (im Fahrstuhl, Kaufhaus, während der Begegnung mit dem Hund, im Gespräch usw.). Manchmal gelingt das leichter, wenn wir uns die angstauslösenden Objekte, Ereignisse, Aktivitäten

oder was es sonst ist, zunächst so wirklichkeitsgetreu und lebendig wie möglich vorstellen. So verschieben wir unsere maximale Angst auf einen Zeitpunkt, bevor wir uns dem Angstmachen in der Wirklichkeit stellen müssen. So haben wir in der realen Situation weniger Angst, gewöhnen uns an die Situation und können in der Vorstellung schon mal ausprobieren, was wir tun können, wenn es bedrohlich ist. Nun sind wir aber schon so daran gewöhnt, die Angst wegzuschieben oder zu verdrängen, daß es gar nicht so leicht ist, sie mal wieder zuzulassen. Erleichtern können wir uns das, indem wir uns zwei Sätze einprägen – nämlich: Es hilft mir, wenn ich Angst habe! Ich darf ruhig Angst haben! Nun fallen uns solche Sätze anfangs aber gerade dann nicht ein, wenn wir sie ganz nötig bräuchten, eben dann, wenn die Angst mal wieder zugeschlagen hat. Aber auch dagegen können wir etwas tun; und das ist noch nicht mal so schwer.
Wir schaffen uns Gedächtnisstützen – so etwas wie den berühmten Knoten im Stofftaschentuch, das heutzutage etwas aus der Mode gekommen ist. Was eignet sich, wenn wir keinen Knoten wollen und uns auch nichts hinter die Ohren schreiben möchten. Eine Möglichkeit besteht darin, die beiden Sätze auf einen Zettel zu schreiben. Auch mehrere solcher Zettel sind hier nicht verkehrt. Verbuddeln wir diese Zettel jedoch wie unsere Angst in einer Schublade, unter Papierstößen, im Gefrierfach, unter dem Teppich oder anderswo, so können wir uns die Schreiberei gleich sparen. Wichtig ist es, die Zettel dort zu plazieren, wo wir im Alltag dauernd hinsehen und sie uns gleich ins Auge springen: an den Spiegel im Bad, neben dem Telefon oder dem Fernseher, am Kühlschrank oder Geschirrschrank, am Handschuhfach im Auto. Na ja, aber das könnten andere ja sehen: Besucher, gleich wenn sie in unseren Flur treten oder das Örtchen aufsuchen, Arbeitskollegen, mit denen wir uns ein Telefon teilen und andere lästernde Zeitgenossen, denen diese Sätze auch nicht schaden würden – wie peinlich! Wollen wir niemanden an unserer neuen Art, mit der Angst umzugehen, teilhaben lassen, nehmen wir eben eine andere Gedächtnisstütze.

Wenn in der dunklen Gasse die Angst zuschlägt, einfach sagen: Es hilft, daß ich Angst habe!

Einer Gedächtnisstütze die Angst aufladen

Dazu eignet sich alles, was wir andauernd mit uns führen: der Ring, die Kette oder die eigenen Haare und so weiter und so fort. So etwas kann aber erst dann zu einer Gedächtnisstütze werden, wenn wir es vorher mit den Angstsätzen (Wie waren die doch gleich?) verknüpft haben. Eine solche Verbindung stellen wir her, indem wir das Auserwählte – zum Beispiel die Uhr – in die Hand nehmen und uns dabei mehrfach sagen: Es hilft mir, wenn ich Angst habe! Ich darf Angst haben! Es hilft mir, wenn ich Angst habe! Ist die Verknüpfung geschaffen, fallen uns die beiden Sätze ein, wenn wir die Gedächtnisstütze anfassen oder ansehen. Solche Stützen brauchen wir nicht für den Rest des Lebens. Sie haben ihre Pflicht und Schuldigkeit getan, wenn wir uns daran gewöhnt haben, Angst zuzulassen, was ganz automatisch geht. Mit jedem Mal, wenn wir die Angst er- und durchleben, kommen wir dem einen Schritt näher. Was aber, wenn wir uns in die Angst reinsteigern? Das geht nicht – schlicht und ergreifend! Genauso ist das bei irgendeinem anderen unserer Gefühle: dem Ärger, der Trauer, dem Stolz, der Freude. Was wäre unser Leben doch schön, wenn wir uns in Freude reinsteigern könnten! – Toll die Vorstellung, oder? Wir brauchten uns nicht mehr zu quälen und müßten wegen nichts und niemandem mehr leiden – traumhaft! Aber es klappt eben nicht. Und genauso ist das auch mit der Angst. Wenn wir unsere Angst zulassen, steigern wir uns nicht in sie hinein; vielmehr durchleben wir die Angst, schützen uns vor Gefahren und lernen neue Strategien, um in Zukunft der Gefahr besser begegnen zu können. Wenn wir unsere Angst er- und durchleben, ist die Sache erledigt, die Angst verschwindet.

Wann Medikamente gegen Angst nehmen?

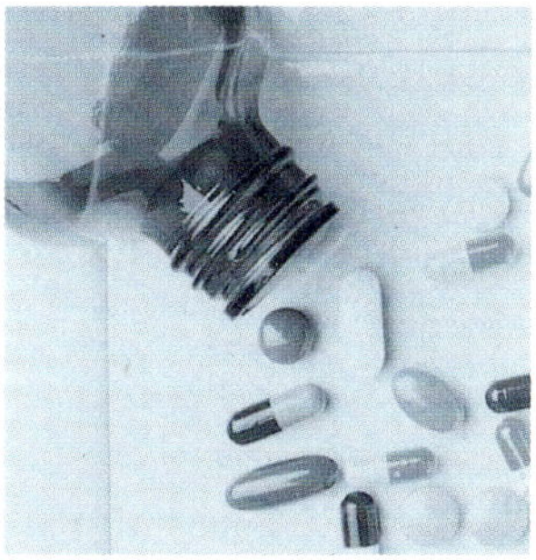

Medikamente haben ihren Sinn, wenn gleichzeitig Strategien aufgebaut werden, die die Medikamente überflüssig werden lassen.

Gegen Angst gibt es doch Medikamente! Es wäre doch viel einfacher, etwas einzunehmen! Die Entscheidung, Medikamente einzunehmen – ja oder nein? –, ist in erster Linie abhängig von den Ursachen der Angst. Angst kann sowohl durch organische als auch von psychischen Faktoren hervorgerufen werden; auch kann beides – Organisches und Psychisches – zur Angstentstehung beitragen.

Die meisten Ängste sind in der Hauptsache psychisch bedingt; deshalb müssen wir auch genau daran etwas tun. Bei psychisch bedingten Ängsten können Medikamente zwar vorübergehend Angst mindern, sie aber nicht dauerhaft beseitigen. Wie auch? –

Die Ursachen der Angst sind ja immer noch da, die Angst ist nicht zugelassen und bearbeitet, sondern weggeschoben. Dennoch kann es auch bei solchen Ängsten sinnvoll sein, vorübergehend – aber wirklich nur vorübergehend – Medikamente einzunehmen. Sie können innerhalb einer psychologischen Behandlung von Ängsten hilfreich sein als Regulative, wenn die Angst sehr stark ist; so eingesetzt verhelfen sie dazu, uns den Angstmachern doch zu stellen, was notwendig ist, um die Angst dauerhaft zu mindern. Wichtig ist aber, daß wir solche Situationen – Kaufhaus, Fahrstuhl etc. – beim nächsten Mal auch ohne Medikamente aufsuchen; andernfalls würden wir vielleicht denken, wir haben das nur geschafft, weil wir unsere Medizin hatten. So soll das aber nicht sein. Lernen wollten wir ja, daß wir diese Situationen selbst meistern können und keine Angst vor ihnen haben müssen. Also können Medikamente eine Starthilfe sein für eine psychologische Bearbeitung der Angst. Nützlich sind Medikamente auch dann, wenn Ängste sowohl organische als auch psychische Ursachen haben. Hier kann auf medikamentösem Wege der organisch bedingte Anteil der Angst gemildert werden. Allein Medikamente sind jedoch nicht ausreichend. Anders ist es, wenn Ängste hauptsächlich körperliche oder organische Ursachen haben. Dann können Medikamente vielen Menschen helfen.

Auch bei im wesentlichen psychisch verursachten Ängsten mag es bequem erscheinen, ein paar Pillen oder Tropfen gegen Angst einzunehmen, aber abgesehen davon, daß diese Ängste dadurch nicht auf Dauer gemildert und deren Ursachen beseitigt werden können, haben solche Medikamente, wie andere Medikamente auch, Neben- und Folgewirkungen.

Wenn die Angst unkontrolliert wird, wenn Sie das Gefühl haben, Ausweg könnte nur noch ein Selbstmord bringen, sind zunächst die vom Arzt verordneten Medikamente hilfreich. Ärztliche Hilfe aber ist allemal dringend notwendig.

Angst vor Ablehnung

Angst, das Ansehen zu verlieren, nicht nur bei Verstößen gegen Verhaltensregeln

Worum geht es? Es geht hier um all jene Ängste, die zu tun haben mit unserem Ansehen, mit der Ablehnung durch andere! Abgelehnt werden können wir genaugenommen wegen allem und jedem, wenn:

- unsere Frisur zerzaust ist
- wir eine zu große oder zu krumme Nase haben
- unsere Figur nicht ganz dem Schlankheitsideal entspricht
- unsere Kleidung irgendwie unpassend ist
- wir Gefühle zeigen und Meinungen sagen
- wir etwas für uns selbst tun, statt es erst allen anderen recht zu machen
- wir ausgeliehene Gegenstände oder Geldbeträge zurückfordern
- wir zu spät kommen
- wir in Gegenwart anderer rot werden oder zittern
- wir eine Prüfung nicht bestehen.

Und aus vielen anderen Gründen können wir abgelehnt werden. Und all das ängstigt uns. So hängt die Angst vor ablehnenden Reaktionen anderer zusammen mit einer Unmenge spezieller Ängste. Da haben wir Angst: vor überstarken körperlichen Reaktionen (Rotwerden und Zittern), unattraktiv zu sein, Gefühle zu leben und zu erleben, gegen Verhaltensregeln zu verstoßen, uns etwas Gutes zu tun, zu versagen, vor dem Altwerden und -sein, vor Krankheit – und noch vielem anderen, weswegen wir abgelehnt werden könnten. Schließlich können wir uns auch selbst ablehnen (weil wir versagt haben, unattraktiv sind usw.). Das tun wir aber meist dann, wenn wir von anderen abgelehnt werden oder Ablehnung anderer befürchten.

Vieles von dem, was wir tun oder unterlassen, hängt mit unserer Angst vor Ablehnung zusammen.

Werden wir abgelehnt, kann das auch bedeuten, daß wir einsam sind, wenige Freunde und Bekannte haben. Das passiert aber auch dann, wenn wir uns selbst ablehnen, uns deshalb immer weniger zutrauen und uns lieber gleich zurückziehen; auch das ängstigt uns.

Ablehnende Reaktionen anderer – wann ist die Angst davor zu groß?

Ja, es ist wichtig, von anderen anerkannt, gemocht und geliebt zu werden! Da kann man doch Angst kriegen! Stimmt! Seit Urzeiten ist der Mensch ein soziales Lebewesen, man könnte auch sagen, ein Herdentier. Und trotz der mit der Industrialisierung zunehmenden sozialen Isolation in der Anonymität von Städten, Mietskasernen und kleinen Familien, wird der Mensch, solange es ihn gibt, ein Lebewesen bleiben, das Gemeinschaft braucht (Aufmerksamkeit, Zuwendung, Bestätigung – und was wir von anderen sonst noch alles bekommen). Wie wichtig das für uns ist, sehen wir schon daran, mit welchen Mitteln wir nach Aufmerksamkeit uYnd Zuwendung durch andere streben, wenn sie uns diese nicht von selbst geben. Da passiert es sogar, daß wir krank werden, eine Krankheit vortäuschen oder etwas tun, für das wir bestraft werden: Uns mit Migräne ins Bett legen, damit der Gatte nicht schon wieder auf den Fußballplatz geht, zum wehleidigen Kranken werden, damit die engagierte Freundin zwischen Beruf und dem Treffen der Bürgerinitiative doch mal mit uns spricht, durch unpassende Kritik einen Wutausbruch bei dem sonst ständig mit allem möglichen beschäftigten Partner provozieren – und was da sonst noch wirken könnte.

Ablehnende Reaktionen sind schlimm. Aber noch schlimmer ist es, wenn wir völlig ignoriert werden.

Am schlimmsten ist es für uns, von anderen ignoriert zu werden. Negative Rektionen sind immer noch besser als gar keine. Ebenso wichtig ist es für uns, daß wir uns selbst akzeptieren und mögen, das brauchen wir, um uns wohlzufühlen und handlungsfähig zu sein. Und da haben wir auch schon den Nutzen der Angst vor Ablehnung, dem Verlust des Ansehens und aller daraus resultierenden speziellen Ängste. Sie veranlassen uns dazu, uns so zu verhalten, daß wir in diese Gemeinschaft hineinpassen, in dieser nicht versagen, nicht abgelehnt werden oder was uns sonst noch alles von unseren – mehr oder weniger geliebten – Mitmenschen isolieren würde.

Vermeiden möglicher Ablehnung

Werden wir von anderen akzeptiert und anerkannt, mögen wir uns auch selbst und trauen uns etwas zu, auch dazu verhelfen

Ängste um unser Ansehen. So weit sind diese Ängste nützlich für uns. Zu groß ist die Angst vor Ablehnung beispielsweise dann, wenn wir andauernd befürchten, abgelehnt zu werden, alle irgendwie negativen oder komischen Reaktionen der Menschen um uns herum auf uns selbst beziehen und als Ablehnung deuten: den abwesenden Blick des Sitznachbarn im Stadtbus, den flüchtigen Gruß des eiligen Briefträgers, das Grinsen des Stammtischkumpels – na ja, Sie wissen schon. Wenn wir Situationen, in denen wir abgelehnt werden könnten, vor lauter Angst vermeiden: kein Restaurant mehr besuchen, weil wir bei der Bestellung eine dumme Frage stellen und die Bedienung deshalb gereizt guckt, keine fremde Person, schon gar nicht des anderen Geschlechts, mehr ansprechen, auch wenn sie uns auf den ersten Blick noch so sympathisch ist, weil wir ohnehin nicht die richtigen Worte finden und deshalb eine knappe Antwort bekommen. Und wofür wir sonst vielleicht noch überall ablehnende, oft aber vermeintlich ablehnende Reaktionen anderer ernten, oder solche Situationen nur unter großer Angst ertragen können, uns nur noch anpassen und dabei nicht mehr wissen, wer wir selbst sind, was wir selbst wollen und fühlen, wenn wir meinen, alle Mitmenschen müßten uns lieben, uns selbst aber als unfähig und wertlos einschätzen.

Was mögen die anderen denken? Warum grüßt der Nachbar nicht? Warum war der Chef so wortkarg? Kaum etwas quält uns so wie der Gedanke, man könnte uns ablehnen.

Meiden wir Situationen, in denen wir Ablehnung erfahren, hat das auf lange Sicht fatale Folgen; davon seien hier nur einige genannt: Wir trauen uns nichts mehr zu, unser Selbstwertgefühl schwindet, wir schränken unsere sozialen Kontakte und Aktivitäten zunehmend ein, fühlen uns einsam und grübeln, bis hin zu Erkrankungen wie Depressionen und psychosomatischen Krankheiten, die sich zu unserer immer größer werdenden Angst hinzugesellen. Wir enden genau da, wo wir ja nicht hinwollten, und das deshalb, weil unsere Angst überstark und somit keine Hilfe mehr für uns ist, sondern uns hemmt.

Was können wir tun bei zu großer Angst vor Ablehnung?

Egal wie sich andere verhalten: Wir beziehen es sehr oft auf uns.

Wo ist der Fehler? – Was machen wir falsch? Da gibt es einiges, das besonders wichtig ist. Eine häufige Ursache einer überstarken Angst vor ablehnenden Reaktionen (weswegen auch immer) besteht darin, daß wir jegliches Verhalten anderer – den verärgerten Gesichtsausdruck, den fehlenden Gruß, die knappe Antwort, den flüchtigen Händedruck usw. – auf uns selbst beziehen, weil wir zu leise gesprochen haben, ein Seidenhemd mehr Eindruck gemacht hätte als der Rollkragenpullover, unser Lachen nicht unterdrücken konnten – oder was noch alles falsch, unpassend, irgendwie komisch usw. an unserem Verhalten oder uns selbst gewesen sein kann. Und dabei meinen wir ganz sicher zu wissen, daß wir – und nichts und niemand anderes – für das Verhalten des anderen verantwortlich sind.

Wie sollen wir uns aber diesen Schuh nicht anziehen? Zunächst müssen wir überlegen, aus welchen – von uns unabhängigen – Gründen sich der andere so verhalten haben könnte. Es gibt immer eine Fülle möglicher Erklärungen. Wer sich uns gegenüber in einer unerwünschten (als kränkend, ignorierend oder anders ablehnend erlebten) Weise verhält, hatte vielleicht Ärger mit dem Nachbarn oder den Arbeitskollegen, mag unter Verstopfung leiden, die erwartete Gehaltserhöhung nicht bekommen haben, sich über die passende Fliege für den nächsten Theaterbesuch Gedanken machen, sich über die Frontfarbe der neuen Einbauküche den Kopf zerbrechen, sich über das Jucken der großen

Zehe wundern – oder anderes. Anschließend sollten wir uns fragen, wie wahrscheinlich es ist, daß irgend etwas an uns oder unserem Verhalten die Ursache für das Verhalten des anderen ist, und wie wahrscheinlich es ist, daß andere Gründe dieses Verhalten ausgelöst haben. Diese Wahrscheinlichkeiten für beide Möglichkeiten – etwas an mir oder meinem Verhalten ist schuld! – Es liegt an etwas anderem! – müssen gegeneinander abgewogen werden.

ıh, den wir uns bei
tsmäßig anziehen,
n solchen Vorgehen.
nn respektive unsere
ann irgendwie ko-
wa nicht?

h

fige Ursache überhöh-
teht darin, daß Reak-
deutet werden. Letz-
n Mitmenschen: der
ndisch, verantwor-
ichtslos – und was da
werden kann. Auch
d gesagt hat – ganz
vir also Hellseher? –
ıon wieder zu einsei-
chdenken, was die
er jetzt etwas, das
n wir wieder abwä-
twas Negatives den-
twas denken, das
ns ist.

ersten Blick meinen,
zu voreilig negative
leicht trauen wir
ı und ausgelassen
s wichtig ist und an-
nen wir noch mehr
nden Reaktionen zu

Andere denken nicht unentwegt schlecht über uns – meist denken sie nicht einmal über uns nach.

In einer hastenden Menschenmenge bleibt kaum je Zeit, um andere genau zu betrachten. Trotzdem fühlen sich manche Menschen gerade hier scharf beobachtet.

Und zwar, indem wir nicht nur vermuten, warum sich der andere so oder so verhält, was er über uns denkt, sondern den anderen fragen, warum er abwesend ist, uns nicht sieht, grimmig oder nachdenklich guckt, was er denkt, wenn wir vor uns hinschimpfen, unruhig hin und herlaufen, ihn ohne triftigen Grund doch einmal ansprechen, uns etwas ganz genau erklären lassen – und worüber wir sonst noch immer nur nachdenken.

Kritik kann sehr positiv sein

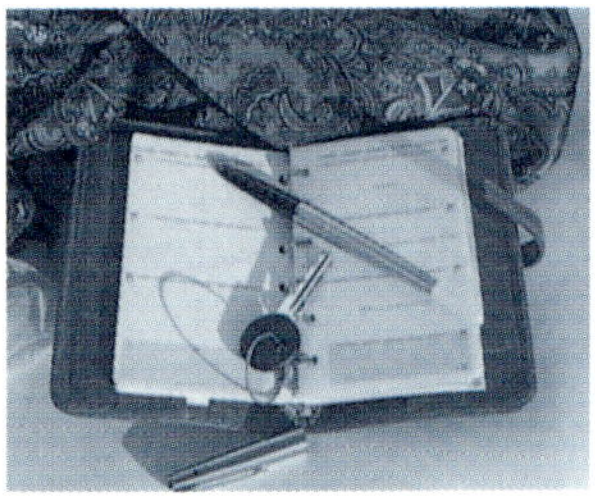

Schreiben Sie doch einmal alle Ihre Qualitäten auf einen Zettel, alles, was zu Ihnen gehört und Ihre Person ausmacht.

Übergroße Angst vor Ablehnung kommt auch dadurch zustande, daß wir Kritik anderer als etwas Negatives erleben. Nun kann Kritik aber auch hilfreich sein; so werden wir vielleicht auf Dinge aufmerksam, die uns selbst stören, uns aber noch nicht aufgefallen sind: daß wir uns dauernd hinter dem Ohr kratzen, die mausgraue Farbe uns nicht steht oder anderes. Oder wir lernen Dinge, die nützlich sind: wie man geschickter mit dem Vermieter redet, auf einer Behörde durchsetzungsfähiger wirkt und mehr. Und nicht nur dabei ist Kritik nichts Negatives, sondern etwas durchaus Hilfreiches, das müssen wir aber erst einmal so sehen. Das fällt leichter, wenn wir mal überlegen, ob es schon einmal – sehr wahrscheinlich schon mehrmals – etwas gegeben hat, wobei uns die Kritik anderer geholfen hat. Eine weitere Ursache zu starker Angst vor Ablehnung besteht darin, daß wir zu sehr von der Anerkennung durch andere abhängig sind und uns selbst zu wenig mögen. Ja, aber wie können wir bei unserer Selbsteinschätzung von der Meinung anderer unabhängig werden? Das sieht schwerer aus, als es ist!

Hilfreich ist es, wenn wir für uns selbst überlegen, welche Qualitäten wir haben; dabei müssen wir an alles denken, was zu uns gehört – Eigenschaften, Fähigkeiten, Verhaltensweisen, Aussehen, Kleidung – und noch mehr. Alle Qualitäten, die uns da einfallen, sollten wir schriftlich festhalten. Wenig kommt uns meist dann in den Sinn, wenn wir uns zum Nachdenken für unsere Qualitäten irgendwann hinsetzen und uns dann unbedingt etwas einfallen muß. Leichter ist es, wenn wir uns einen Zettel an einen Ort legen, den wir häufig sehen: neben das Telefon, auf den Schreibtisch, und nicht nur dorthin fällt unser Blick des öfteren. Das, nachdem wir hier suchen, fällt uns bei diversen Gelegenheiten im Alltag ein: beim Aufräumen, Zeitunglesen, Gitarrespielen usw. Auf dem bereitgelegten Zettel sollten wir all das gleich notieren. „All das" soll nicht heißen, daß andere auf uns

nicht ablehnend reagieren oder negativ über uns denken können. Es gibt nun mal Menschen, denen wir unsympathisch sind, warum auch immer. Aber es gibt auch solche, die uns so mögen, wie wir sind. Häufig denken wir bei zu großer Angst vor Ablehnung, daß uns alle Menschen mögen müssen. Dieser Gedanke sollte unbedingt hinterfragt werden; das können wir tun, indem wir Überlegungen anstellen wie: Gibt es überhaupt jemanden, der von allen Menschen gemocht wird? Was bringt es mir, wenn mich jeder mag? Was muß ich auf mich nehmen, um das zu erreichen? Will ich all das tun? Von welchen Personen möchte ich unbedingt gemocht werden? Was muß ich dafür tun? Will ich das auf mich nehmen? Was genau verliere ich, wenn mich Herr X oder Frau Y nicht mag? Kann ich das auch von jemand anderem bekommen? Diese Fragen helfen, allgemeine Gedanken konkret zu machen, so zu einer eher zutreffenden Einschätzung von Gefahren für das eigene Ansehen zu gelangen, um die Angst zu mindern.
Eine andere sehr wichtige Ursache zu großer Angst vor Ablehnung besteht darin, daß manche meinen, auf Biegen und Brechen Verhaltensregeln einhalten zu müssen.

Sich perfekt verhalten wollen

Solche Verhaltensregeln sagen uns, daß wir nett, freundlich, pünktlich und was nicht noch alles sein sollen. Recht haben Sie, wenn Sie sagen: Klar muß ich nett sein. Ich will ja auch, daß andere nett zu mir sind! Aber stimmt das immer und überall? – Was meinen Sie? Es stimmt eben nicht überall und immer; und das ist der springende Punkt. Wir haben von Kindheit an – mehr oder weniger mühsam – Regeln gelernt, die sagen, wie wir uns verhalten sollen. Solche, die so allgemein gültig formuliert sind, daß sie anscheinend auf Biegen und Brechen eingehalten werden müssen – Ich muß immer nett, höflich, perfekt sein usw.! Das sehen wir hier an dem kleinen, aber entscheidenden Wörtchen „immer“. Solche Regeln zwingen uns – Unsinn –, wir zwingen uns selbst, uns auf Gedeih und Verderb genauso zu verhalten. Damit uns das gelingt, besitzen wir weitere Regeln, die sagen, was wir dazu tun müssen – Ich muß immer pünktlich sein, jeden Gefallen erfüllen, lächeln, jede Einladung wahrnehmen, immer gut aussehen, eigene Wünsche zurückstellen, eigene Meinungen für mich behalten – und was ein immer netter, perfekter Mensch sonst noch alles tut! Oft ist es aber ganz schön schwer, nett, freundlich, perfekt – und was sonst noch alles zu sein. Das

Wir haben von klein auf gelernt, daß wir immer pünktlich, höflich, nett etc. sein sollen. Die Verhaltensregeln verselbständigen sich.

Im Berufsleben werden Verhaltensregeln verlangt, die im privaten Umgang mit Menschen eher stören.

kostet so manches Mal eine ganze Menge; die materiellen Kosten sind da häufig nur das kleinere Übel. Wir dürfen

- nie unsere wahren Gefühle zeigen, auch wenn wir vor Ärger platzen könnten oder uns zum Heulen zumute ist
- unsere Meinung dagegen sagen, auch wenn wir felsenfest davon überzeugt sind
- einen Gefallen ablehnen, obwohl uns Verpflichtungen schon über den Kopf wachsen
- eine Einladung absagen, wenn uns vor Müdigkeit die Augen zufallen
- etwas für uns selbst tun, bevor wir nicht allen anderen gerecht geworden sind, uns z.B. genüßlich in die Badewanne legen, wenn die Hemden des Gatten noch ungebügelt sind, oder uns hinter der sehnsüchtig erwarteten Tenniszeitschrift verkriechen, wenn der Wasserhahn noch tropft
- ausgeliehene Gegenstände oder Geldbeträge einfach zurückfordern, auch wenn wir sie nicht so dringend brauchten.

Wie finden Sie das? – Muß das so sein? – Doch wohl kaum!

Was können wir tun?

Keinesfalls sollten wir das Kind mit dem Bade ausschütten, unfreundlich, rücksichtslos und unzuverlässig werden – oder uns sonstwie ins Gegenteil umkehren. Vielmehr sollten wir zu allgemeine Verhaltensregeln – eben die mit „immer“ – konkreter machen. Das geht, indem wir uns fragen, unter welchen Umständen sie für uns selbst und andere tatsächlich nützlich sind. Was meinen Sie? Ist jemand, der nie seine Meinung sagt, wirklich immer ein hilfreicher Freund, eine Person, die ihre Gefühle nicht zeigt, tatsächlich immer ein lieber Partner (mit oder ohne Trauschein)? Auch sollten wir uns fragen: Sind wir tatsächlich ein unfreundlicher oder unhöflicher Zeitgenosse, wenn wir mal unsere Gefühle zeigen, Wünsche verwirklichen, Meinungen sagen, unseren Bedürfnissen nachgehen – und alles, was sonst noch zu uns selbst gehört, mal nicht unter den Teppich kehren? Überlegen sollten wir auch, bei welchen Personen wir in welcher Situation bereit sind, welche Nachteile unseres Immer-nett-Seins, Immer-freundlich-Seins und Immer-perfekt-Seins in Kauf zu nehmen. Ist es notwendig, den Nachbarn, über den wir uns ärgern, lächelnd zu grüßen, beim Stammtisch auf ein Käsebrot verzichten, weil das Geld nur reichen würde, wenn wir von dem Kumpel gegenüber die ausgeliehenen 10 DM zurückforderten?

Wer zwingt uns eigentlich, immer nett und höflich zu sein? Wir selbst oder die anderen?

Die Angst schon vorweg verarbeiten

Solche Fragen helfen, zu allgemein formulierte Verhaltensregen konkret zu machen und unsere Angst zu mindern. Um die Angst vor Ablehnung zu mindern, ist es wichtig, uns den Situationen, die uns deshalb Angst machen, zu stellen. Das können wir zunächst in der Vorstellung tun. Dabei müssen wir uns das, was uns Angst macht, einen Korb kriegen, am Telefon schnell abgefertigt werden, eine bestimmte Person ansprechen, irgendwo zu spät kommen usw., möglichst konkret und lebendig vorstellen – so, als ob wir schon in der angstauslösenden Situation wären. Dadurch lassen wir die Angst frühzeitig zu und rufen sie sogar hervor. In der Psychologie heißt das, was wir da machen sollen, Angstverarbeitung. Durch sie verschieben wir den Zeitpunkt unserer größten Angst, das Angstmaximum, weg von der tatsächlichen Situation auf einen Zeitpunkt vorher. Kommen wir dann in die Situation, die uns ängstigt, haben wir einen Teil der Angst schon abgearbeitet, und die Angst am Tage X, wenn es darauf ankommt, ist geringer. Wir trauen uns dann vielleicht doch, sind weniger gehemmt und blockiert, sprechen nicht stockend, schwitzen und zittern nicht oder weniger stark – und anderes, für das unsere überstarke Angst in der Situation selbst verantwortlich ist, passiert auch nicht. Das klappt aber nur dann, wenn die Vorstellung so wirklichkeitsnah ist, daß sie uns Angst macht. Es kommt dabei nicht darauf an, daß wir alles so vorwegnehmen, wie es dann tatsächlich sein wird, denn das können wir vorher ja schließlich nicht wissen. Und noch etwas Nützliches passiert bei der Angstvorwegverarbeitung: Wir bauen in unserer Vorstellung für den Fall der Fälle Bewältigungsstrategien auf: Was können wir tun, wenn wir zu spät kommen, unpassend gekleidet sind, angenörgelt werden, weil wir noch nicht alle Pflichten erledigt haben und so weiter und so fort?

Sich vorstellen, was Angst macht und sich ausmalen, was geschieht, wenn wir uns tatsächlich auf die angstmachende Situation einlassen.

Bewältigungsstrategien

Und wir müssen uns all dem, wovor wir Angst haben, dann endlich auch mal in der Realität stellen. Dabei merken wir, daß die Angst weniger wird, wir Gefahren überschätzt haben, und wir, entgegen unserer Befürchtung, mit einer Gefahr, einem schimpfenden Partner, einem unhöflichen Verkäufer und anderem, doch umgehen können. Bewältigungsstrategien haben wir uns ja schon vorher überlegt und in der Vorstellung ausprobiert.

Bei Neuem und Bekanntem versagen

Was nicht schaffen, wo versagen?

Wenn wir uns vorstellen, was wir alles nicht schaffen, können oder wollen, wird die Liste lang.

Dem, was wir im Alltag so alles nicht schaffen können, sind keine Grenzen gesetzt – wenn wir

- keine gesunden Nachkommen zeugen oder zur Welt bringen
- ein schlechter Vater oder eine schlechte Mutter sind
- beim Sex zu wenig zustande bringen
- keine ordentliche Hausfrau sind
- eine langweilige Party ausrichten
- nicht an einem Hund vorbeigehen können
- bei einem Gewitter nicht alleine in der Wohnung bleiben können
- im Beruf zu langsam oder einfallslos sind
- die Steuererklärung nicht hinkriegen
- mit diversen technischen Errungenschaften nicht zurechtkommen
- keine sauberen Füße haben oder die Füße riechen
- unsere Kleidung unpassend ist,
- wir uns nicht entscheiden können
- den Garten nicht ordentlich haben
- eine Prüfung nicht bestehen
- uns in einem wichtigen Gespräch nicht ausdrücken können
- bei Untersuchungen die Anweisungen von Ärzten nicht befolgen können
- wir Gewohnheiten nicht abstellen können, obwohl wir es ja nun doch ganz bestimmt möchten
- keine neuen Bekannten finden
- am Weihnachtsabend mit der Flöte falsche Töne produzieren.

Und das war nur die Spitze des Eisbergs der Gelegenheiten, bei denen wir etwas nicht schaffen können. Vor all diesem und noch viel mehr haben wir Angst.

Und dann hat unser Versagen ja auch noch Folgen: Wir werden von anderen abgelehnt, lehnen uns selbst ab, gelten als unfähig und sehen uns selbst auch so, uns wird nichts zugetraut, und wir trauen uns selbst nichts mehr zu, wir zweifeln an uns selbst und fühlen uns minderwertig. Das Angestrebte, z.B. die Steuerrückzahlung, den Abschluß der Ausbildung und anderes, bekommen wir nicht – na ja, Sie wissen schon, was alles passieren kann, wenn wir etwas nicht schaffen.

Und alle möglichen Folgen unseres Versagens machen uns Angst. Beängstigend ist es aber auch, wenn wir etwas zu lange aufschieben. Bis es endlich erledigt ist, sind wir unzufrieden, unsicher, ob es klappt, denken andauernd daran und haben Schwierigkeiten, uns auf andere Dinge zu konzentrieren oder anderes zu genießen, fürchten, daß es irgendwann zu spät sein könnte und wir so Nachteile haben: Wenige Bekannte haben, weiterhin vom Nachbarn wegen des unordentlichen Gartens schief angesehen werden, Verzicht auf berufliches Weiterkommen an dem Arbeitsplatz ohne Computer usw., machen uns selbst Vorwürfe, haben Schuldgefühle – und nicht nur dadurch kann die Zeit des Aufschiebens zur Qual werden. Aber auch der im Moment einfache Weg, ein Ziel aufzugeben, bringt Angst hervor. Auch so haben wir – wenn auch auf andere Art – versagt und bekommen Angst vor den Folgen. Gehen wir der Sache aus dem Wege, indem wir sie andere erledigen lassen, scheint zwar zunächst bequem zu sein, befreit aber auch nicht von Angst; wieder haben wir ja doch versagt. Ängste vor den Folgen kennen wir schon; hinzu kommt hier jedoch noch die Angst vor Abhängigkeit von unseren Mitmenschen, eben denjenigen, die etwas für uns tun. Weil es eine Unzahl von Gelegenheiten gibt, bei denen wir versagen können, und die Angst zu versagen deshalb bei vielen anderen Ängsten eine Rolle spielt, gehört sie zu den am häufigsten vorkommenden und wichtigsten Ängsten.

Etwas so lange aufschieben, bis es zum beherrschenden Thema wird?

Wieviel Angst vorm Scheitern?

Warum müssen wir uns bloß dauernd mit dieser Angst rumplagen? Was soll uns das nur bringen?

Haben wir Angst, irgend etwas nicht zu schaffen, ist das zunächst nichts anderes als ein Hinweis für uns, daß wir überlegen, wie Ziele zu verwirklichen sind. Wie wir große Ziele in klei-

Dauernd zuviel tun, dauernd überfordert sein und dauernd Angst haben, nicht noch mehr leisten zu können – was läuft falsch?

ne Schritte unterteilen können, was uns daran hindern könnte, das Geplante zu verwirklichen, was wir können, was wir noch lernen müssen, wer uns helfen könnte usw. Bis dahin ist diese Angst gut für uns, sie macht uns darauf aufmerksam, daß etwas nicht klappen könnte.
Wann ist die Angst aber nun zu stark? Das ist beispielsweise dann der Fall, wenn wir

- andauernd den Eindruck haben, wir seien überfordert von etwas, das wir gerne tun würden oder tun sollten: das ist, als ob wir vor einem riesigen Berg stehen, der unüberwindbar zu sein scheint
- andauernd daran denken müssen und uns auf nichts anderes mehr konzentrieren können
- etwas unnötig lange aufschieben
- es von anderen erledigen lassen
- ein Ziel voreilig aufgeben
- in einer ängstigenden Situation so starke Angst haben, daß wir sie nicht mehr meistern können
- oder wir uns bei allem und jedem unfähig – Ich kann das nicht! – minderwertig – Andere können das! – hilflos oder unsicher fühlen.

Wählen wir öfter als nötig den auf den ersten Blick am einfachsten erscheinenden Weg, uns der Sache nicht zu stellen, wird die

Versagensangst immer größer, und wir trauen uns immer weniger zu.

Das kann so weit gehen, daß bis dahin wie selbstverständlich erledigte Aufgaben, zum Beispiel das Zusammenstellen passender Kleidung für eine bestimmten Anlaß, zu unüberwindbar erscheinenden Bergen werden, wir andauernd damit beschäftigt sind, für uns selbst und andere mehr oder weniger dumme Ausreden dafür zu finden, daß wir uns nichts mehr vornehmen, bei dem wir vielleicht versagen könnten. So kann es also nicht gehen!

Was tun gegen Versagensangst?

Das angestrebte Ziel in viele kleine Schritte unterteilen und sie einzeln angehen!

Was sollen wir denn machen, wenn wir Angst haben, das, was wir möchten oder sollen, nicht zu schaffen? Wieder mal gibt es einiges zu tun! Übergroße Angst, es nicht zu schaffen, haben wir meist dann, wenn unser Ziel zu allgemein formuliert ist. Zunächst einmal müssen wir unser allgemeines Ziel konkret beschreiben: Was ist eine gute Mutter, eine gelungene Party, eine ordentliche Hausfrau, ein guter Ehemann, ein ordentlicher Garten, ein zufriedenstellendes Gespräch, ein schöner Adventskranz. Oder worum es sonst geht? Haben wir dann eine konkrete Beschreibung dessen, was wir erreichen wollen, hilft uns das, einigen weiteren wichtigen Ursachen unserer Angst entgegenzuwirken?

Da können wir uns fragen: Wie soll der Garten aussehen, wenn er in Ordnung ist? Die Antwort könnte lauten: Hecken auf einen Meter Höhe kürzen, Unkraut entfernen, zusätzlich rote Blumen in das Blumenbeet, statt Kartoffeln Salat in das Gemüsebeet. So helfen uns Teilziele und Teilschritte dabei, dem Gesamtziel näherzukommen.

Damit wird die ganze Angelegenheit nicht nur übersichtlicher, sondern der Eindruck, im Kopf herrsche ein Chaos, verschwindet. Zudem stellen wir meist fest, daß wir vieles von dem, was notwendig ist, können; und das reduziert unsere Angst. Da haben wir die Angst vor Zeitmangel. Wird ein Ziel allgemein formuliert, birgt das die Gefahr in sich, daß wir meinen, die Sache müsse schlagartig erledigt sein. Da dies aber meist nicht geht,

sind wir bis zum Erreichen des Ziels andauernd unzufrieden und haben Angst, es nicht zu schaffen.
Haben wir das Ziel in einzelne Schritte zerlegt, können wir den notwendigen Zeitaufwand besser einschätzen, uns einen Zeitplan machen, möglichst schriftlich, falls die Zeit zu knapp wird, rechtzeitig das Ziel verändern, wegen mangelnder Zeit für Vorbereitungen einen Imbiß reichen statt eines Menüs mit fünf Gängen. Aber das Gesamtziel, eine gelungene Feier auszurichten, dennoch nicht aufgeben. Jederzeit im Blick, und eben nicht im Kopf haben, was noch zu tun ist, aber auch, was schon geschafft ist – all das verringert unsere Angst, nicht genug Zeit zu haben. Und dann haben wir da die Angst vor dem Fehlen von Informationen, eigenen Fertigkeiten und der Unterstützung durch andere. Ist das große Ziel, zum Beispiel eine fremde Person ansprechen oder Antragsformulare ausfüllen, in einzelne Schritte unterteilt, ist es leichter zu überlegen: Was muß ich noch wissen – zum Beispiel darüber, wie der Computer funktioniert –, was kann ich selbst, was kann ich noch lernen, wer kann mir helfen, welche Geräte brauche ich, welche Geräte habe ich und wo kann ich die anderen bekommen, wie kann ich das Ziel verändern, wenn ich etwas nicht kann, nicht mehr lerne, mir niemand hilft, Geräte fehlen usw.? Zudem merken wir nach jedem geschafften Schritt, daß wir ja doch etwas können; so steigern wir unser Selbstvertrauen.

Nach jedem Teilschritt, den wir in Richtung Ziel gegangen sind, stellen wir fest, daß wir etwas können.

Mit einem Zeitplan die Zeitnot vertreiben

Und all das mindert wieder mal die Angst, es nicht zu schaffen. Mit einem genauen Zeitplan für das, was da zu tun ist, begegnen wir auch unserer Angst, etwas zu lange aufzuschieben. Machen wir einen schriftlichen Zeitplan, müssen wir all das nicht mehr im Kopf haben und können uns wieder auf anderes konzentrieren und anderes genießen. Auch haben wir Angst davor, bis zum Erreichen des Zieles unzufrieden oder unsicher zu sein. Durch das Zerlegen in einzelne Schritte sehen wir auch in der Zwischenzeit Erfolge, denn das Bewältigen eines Schritts ist doch auch schon etwas!
Also müssen wir nicht bis zum Erreichen des Gesamtziels uns – wie auch immer – schlecht fühlen. Eine andere wichtige Ursache der Versagensangst, besonders bei konkreten Situationen, besteht darin, daß wir Angst davor haben, genau in der Situation, in der es darauf ankommt, von der Angst übermannt zu werden, und deshalb nichts mehr sagen oder tun zu können, nichts mehr

zu wissen, einen Block im Kopf zu haben oder unter starken körperlichen Reaktionen zu leiden, z.B. schwitzen, zittern, Herzrasen – und anderes passiert in und mit unserem Organismus. Dem können wir begegnen, indem wir die Angst schon vorher zulassen – ja sogar frühzeitig hervorrufen. Dazu ist es notwendig, daß wir uns die Situation, die uns da bevorsteht, z.B. die Prüfung, das Gespräch mit dem Beamten in der Behörde, der Heiratsantrag, der Konflikt mit dem Nachbarn, das Ansprechen einer fremden Person, das erstmalige Erscheinen in dem Volkshochschulkurs, die Begegnung mit einem Tier, das Flugzeug, der Arztbesuch oder anderes, möglichst genau und lebendig vorstellen. So rufen wir bei uns nicht nur Angst hervor und verarbeiten einen Teil der Angst vor dem Tag, an dem es darauf ankommt, sondern überlegen zugleich geeignetes Bewältigungsverhalten: Was können wir tun, wenn wir nicht prompt etwas Passendes sagen können, wenn wir unsicher werden – und was uns da sonst noch alles passieren kann. Vieles Neue oder Bekannte, bei dem wir Angst vorm Scheitern haben, können wir ganz einfach ausprobieren. Und genau das sollten wir auch tun, z.B. ein neues Gericht zubereiten, ein Kondom richtig überziehen und anderes. So stellen wir fest, was wir noch lernen oder häufiger üben müssen, und nicht zuletzt können wir so die Gefahr zu versagen, am ehesten zutreffend einschätzen. Nun gibt es aber auch Dinge, die wir tatsächlich (warum auch immer) nicht selbst können, die andere für uns erledigen müssen.

Die Situation im Kopf durchspielen – wie wird es sein, wenn ich einen Vortrag halte, eine Prüfung ablege oder einen Freund treffe?

Ist es dabei beängstigend, von anderen abhängig zu sein, sollten wir uns überlegen, was wir ansonsten alles selbst können und soviel wie möglich von dem auch selbst machen. Unsere Angst vor Schuldgefühlen den anderen gegenüber mindern wir, indem wir uns überlegen, welchen Gegendienst wir ihnen jetzt oder irgendwann erweisen können. Vielleicht werden wir auch von anderen abgelehnt oder verstoßen gegen irgendwelche Verhaltensregeln, weil wir etwas nicht geschafft haben, viele Fragen stellen müssen, um unser Ziel konkret zu beschreiben oder etwas, das wir nicht können, zu lernen oder um Hilfe bitten. Auch das macht uns Angst. Wie das nun mit einer übergroßen Angst vor Ablehnung und Verstößen gegen Verhaltensregeln ist, das hatten wir schon. Viel können wir also tun gegen unsere Versagensangst! Damit all das noch konkreter wird, sehen wir uns das hier mal genauer an für einige Situationen, in denen wir oft Angst haben, es nicht zu schaffen. Damit aber noch nicht genug; auf die Versagensangst treffen wir noch bei vielen anderen Ängsten in diesem Buch.

Wie ist das mit der Angst bei Prüfungen, Vorträgen und wichtigen Gesprächen?

Das ist so etwas, was uns dann und wann in Angst und Schrecken versetzt! Tatsächlich! – So manches Mal ist es ja auch gar nicht leicht, so etwas zu meistern! Da treffen wir nun im Alltag auf solche angsteinflößenden Situationen, denen wir uns stellen müssen: Prüfungen, die es nicht nur in der Schule, sondern noch viel, viel öfter im Leben gibt: in der Universität, Fahr- und Surfschule, bei diversen Fort- und Weiterbildungslehrgängen – und andernorts, wichtige Gespräche, z.B. mit dem Vermieter, dem neuen oder alten Chef, Rechtsanwalt, Arzt, Partner, den Eltern und Schwiegereltern – und vielen anderen und Vorträge, sei es in der Universität, im Beruf, als Redner bei den verschiedenen Feierlichkeiten usw. Dabei passiert es öfter als uns lieb ist, daß wir Wochen und Monate vor dem Tag, an dem wir tatsächlich in diese Situation kommen, in Panik geraten, nicht mehr genug Zeit haben, zu wenig vorbereitet sind, nicht genug wissen, ich kann mich nicht richtig ausdrücken, werde mich blamieren – kurz gesagt, es wird schiefgehen. Am liebsten würden wir das Bevorstehende verdrängen, in einer rasenden Hektik alle Vorbereitung auf einen Schlag erledigen oder dem, was wir am Tage X tun sollen und eigentlich ja auch wollen, ganz aus dem Wege gehen, es verschieben, es andere erledigen lassen oder ganz darauf verzichten. All das bringt uns aber leider, leider herzlich wenig! Genauso ist es. Und deshalb sollten wir lieber unsere Angst vor solchen Situationen verringern!

Bewerbungsgespräche im höheren Alter gehen eher an die Substanz als in jüngeren Jahren. Die Angst vor der Angst spielt eine große Rolle.

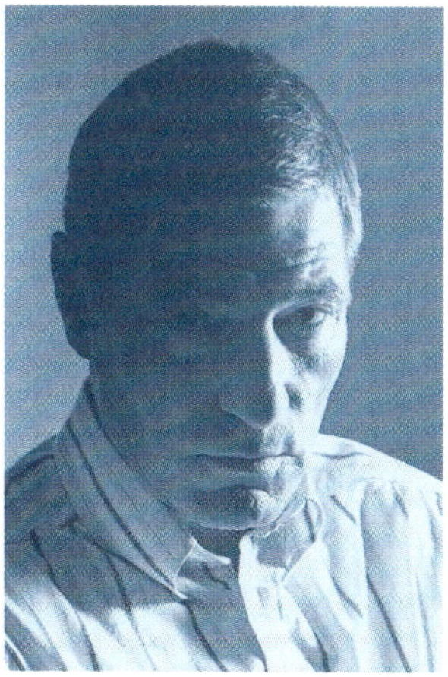

Ein Arbeitsplan mit Belohnung

Zu tun gibt es – wie immer – viel. Anfangen sollten wir damit, uns konkret zu überlegen, was da zu schaffen ist: Was muß ich in der Prüfung wissen? Was will ich in dem Gespräch erreichen? Was will ich in meinem Vortrag oder meiner Rede sagen? So kommen wir zu dem, was wir vor dem Tag der Wahrheit lernen oder vorbereiten müssen. Anschließend sollten wir all das, was vorher noch zu tun ist, in kleine Ziele aufteilen, für die wir uns fragen, wie und in welcher Zeit sind sie zu erreichen. Am besten machen wir das mal wieder alles schriftlich. So kommen wir zu einem – wir können sagen – Arbeitsplan. Dieser Plan muß so konkret und realistisch wie möglich sein und alle bis zu dem betreffenden Ereignis verbleibenden Tage einschließen. Das bedeutet, daß wir uns für einen Tag nur das vornehmen sollten, was

Der Arbeitsplan ist gemacht, es könnte alles so gut gehen: Da kommt eine Störung von außen. Was tun?

wir nach unserer Erfahrung auch tatsächlich schaffen können, festhalten, an welchen Wochentagen wir was vorbereiten, an welchen Wochentagen wir uns wie lange mit der Sache beschäftigen, an welchen Tagen wir uns wieviel Freizeit gönnen und Zeiten frei lassen für Unerwartetes. In diesen Plan sollten wir auch kleine Belohnungen schreiben, die uns immer dann zustehen, wenn wir an einem Tag das schaffen konnten, was wir uns vorgenommen haben. Wichtig ist dabei, daß wir als Belohnung nur so etwas auswählen, das wir nicht ohnehin täglich tun oder haben, z.B. Kinobesuch, eine Zeitschrift oder Blume kaufen, lange in der Badewanne liegen und anderes. Kennzeichnen sollten wir in dem Arbeitsplan auch all das, was wir schon schaffen konnten, was hinter uns liegt.

Wenn der Arbeitsplan klemmt

Haben wir einen solchen Arbeitsplan, sollten wir ihn an einem leicht zugänglichen Ort aufbewahren, z.B. über dem Schreibtisch, neben dem Telefon, an der Wand gegenüber dem WC, am Kühlschrank – oder anderswo. Ein solcher Arbeitsplan hilft, diverse Ängste vor dem Bevorstehenden zu mindern; so beispielsweise

- die Angst vor Zeitmangel (wir haben ja alles gut eingeteilt)
- nicht genug zu wissen (alles Notwendige haben wir schließlich berücksichtigt)
- während der Vorbereitung dauernd unzufrieden zu sein (der Plan zeigt auch, was wir schon geschafft haben)
- den Überblick zu verlieren und deshalb ein Chaos im Kopf zu haben (den Überblick haben wir auf dem Papier)
- Unvorhergesehenem, das uns an der Vorbereitung hindert (dafür haben wir Zeiten eingeplant), Raum zu geben
- keine Freizeit mehr zu haben und auf alles Angenehme verzichten zu müssen (auch so etwas steht in unserem Plan).

Schön und gut! – Aber was ist, wenn wir das für einen Tag vorgenommene Arbeitspensum nicht schaffen, weil unvorhergesehener Besuch kommt, es im Supermarkt voller war als wir dachten, wir uns nicht konzentrieren können usw.? Auch das ist keine Katastrophe! Was wir tun müssen, ist, den Plan anzusehen und das, was wir nicht geschafft haben, dort einzutragen, wo freie Zeit ist. Und so können wir wieder beruhigt sein, brauchen nicht in Panik zu verfallen oder uns mit einem schlechten Gewissen rumquälen. Nun bereiten wir uns also so richtig vor; da büffeln wir tage-, wochen- und monatelang für eine Prüfung, erarbeiten uns mühsam ein Konzept für eine Rede oder einen Vortrag, überlegen mit rauchendem Hirn, was wir in einem Gespräch wollen, aber noch immer haben wir Angst. Und das schlimmste ist, daß diese Angst ganz genau dann übermächtig wird, wenn es darauf ankommt – eben mitten im Gespräch, in der Prüfung, während des Vortrags oder der Rede. Das ist der berühmte Block.

Die Situation selbst vorbereiten

Prompt ist es dann auch passiert, genau das, was wir befürchtet haben: Wir versagen. Was folgt daraus? – Unsere Angst, in solchen und oft auch in anderen Situationen etwas nicht zu schaffen, wird noch größer. Wieder einmal scheint es an irgend etwas zu mangeln! – Aber an was denn bloß?

Einen Teil der Angst kann man vorweg verarbeiten, bevor der große Augenblick der realen Angst eintritt.

Wir bereiten uns zwar darauf vor, was Inhalt des Gesprächs, der Prüfung, des Vortrags oder der Rede sein soll, aber nicht auf die Situation, in der wir uns dann befinden; Angst macht uns aber auch die Situation selbst, z.B. der große Saal, die vielen Menschen, das unfreundliche Gesicht des Prüfers, das Grinsen der Zuhörer, eine Frage nicht gleich oder falsch zu verstehen, von der Angst übermannt zu werden und deshalb Herzrasen zu bekommen, Gedanken nicht mehr ordnen zu können, uns auf Fragen nicht mehr konzentrieren zu können, nichts mehr zu wissen und sagen zu können, zusammenhanglos zu reden, Unpassendes zu sagen – und noch mehr gibt es da, was ängstigend sein kann.

Solche Angst verdrängen wir gerne bis zu dem Termin, an dem es dann nun passieren soll. Besser ist es, die Angst schon vorher zuzulassen – ja sogar frühzeitig hervorzurufen – und so einen Teil dieser Angst schon vorher zu verarbeiten, oder besser gesagt, abzuarbeiten. Damit die Angstvorwegverarbeitung gelingt, beginnen wir einige Tage vor dem Tag der Wahrheit, uns die Situation möglichst genau und lebendig vorzustellen, z.B. wie sieht der Raum aus, wie riecht es dort, welche Geräusche sind da, wie sieht der Gesprächspartner aus, wie viele Menschen sind dort, wie ist die Begrüßung, wie reagieren die anderen auf das, was von mir kommt, wenn ich schweige, etwas Falsches oder Unpassendes sage, wie geht es mir dann, wo kann ich meinen Blick hinwenden usw.

Angstmacher konkretisieren

Alles, was uns Angst macht, sollten wir uns so konkret wie möglich vorstellen; nur dann ist es so, als ob wir schon in der Situation sind. Hilfreich ist es auch, wenn wir vorher schon mal an den Ort des bevorstehenden Geschehens gehen: bei einer Prüfung zuhören, Räumlichkeiten ansehen und so weiter. Eine konkrete und lebendige Vorstellung mindert die Angst und hilft, für den Fall der Fälle geeignetes Bewältigungsverhalten aufzubauen. Anfangen sollten wir damit etwa eine Woche vor dem Termin – täglich 15 Minuten. Hilfreich ist es auch, wenn wir das Gespräch oder die Prüfung vorher schon mal mit einer anderen Person durchspielen. Diese Person sollte den Gesprächspartner oder Prüfer möglichst so darstellen, wie wir uns das in unseren Vorstellungsübungen ausgedacht haben. Eine Rede können wir vor dem Termin für uns selbst oder besser noch mit Zuhörern halten. Auch das hilft, vor dem Tage X Angst abzuarbeiten und Bewältigungsverhalten für die reale Situation aufzubauen. Und nach all diesem geht es wohin? – Eben in die reale Situation, in der wir wieder merken, daß die Angst geringer wird, wir mit dem, was da passiert, besser als gedacht umgehen können und Gefahren überschätzt haben.

Was haben wir uns nicht schon alles vorgenommen! Und dann blieb es bei den guten Vorsätzen. Woran liegt das?

Manches an unserem Verhalten wollen wir ändern – wie sollen wir vorgehen?

Das eigene Verhalten ändern! – Das ist ein hartes Brot! Wirklich das ist es, ein hartes Brot! Alles mögliche nehmen wir uns vor, was wir an unserem Verhalten, unseren Gewohnheiten oder Angewohnheiten ändern wollen, z.B. weniger Knabberzeug essen, den Kaffee-, Alkohol- und Zigarettenkonsum reduzieren, beim Frühstück nicht so muffelig sein, den Papierkram nicht zu Bergen auftürmen, nicht an den Fingern knibbeln, nicht den ganzen Abend träge auf dem Sofa liegen, wenigstens am Sonntag mal ins Schwimmbad gehen und noch viel mehr.
Gute Vorsätze fassen wir, weil wir Nachteile des gewohnten Verhaltens nicht weiterhin in Kauf nehmen wollen, z.B. den dicken Bauch, Gesundheitsschäden durch Bewegungsmangel und des zu hohen Konsums von Genußmitteln, das Genörgel des Partners wegen unseres muffigen Gesichts, den dauernden Druck, die Finger verbergen zu müssen, den Ärger beim Ordnen angehäuften Schriftkrams und so weiter. Na, was haben Sie sich schon alles irgendwann mal vorgenommen? Aber nur zuoft

scheitern wir mit den guten Vorsätzen, und diese lösen sich in Luft auf. Irgend etwas müssen wir falsch gemacht haben! So ist es! Meist möchten wir – ohne Vorbereitung – von einem Tag zum anderen – oft, aber nicht nur von Silvester bis Neujahr – etwas an unseren eingeschliffenen Angewohnheiten ändern, und genau das ist der Haken an der Sache.
Von jetzt auf gleich geht kaum etwas und schon gar nicht das Abstellen von Gewohnheiten, die über lange Zeit zu einem festen Bestandteil unseres Alltags geworden sind. Wir vergessen, daß unsere abzustellenden Gewohnheiten auch für uns Vorteilhaftes mit sich bringen, z.B. das Bierchen, Knabberzeug und an den Fingern knibbeln hilft, beim Krimi oder Fußballspiel zu entspannen, die in der Raucherecke gerauchte Zigarette oder die am Kaffeeautomat getrunkene Tasse Kaffee ermöglicht, Kollegen zu treffen, das muffige Gesicht am Frühstückstisch verhilft dazu, morgens keine Probleme wälzen zu müssen, das Auftürmen von Papierkram spart im Moment Zeit, beim Rumliegen auf dem Sofa erholen wir uns vom Tagesstreß oder anderes.

Das alte Verhalten hatte viele Vorteile

Angst haben wir davor, solche Vorteile zu verlieren. Und genau das ist der Grund dafür, warum unsere guten Vorsätze oft, ja vielleicht sogar viel zu oft nicht Wirklichkeit werden.

Sich sportlich zu betätigen, hätte viele Vorteile. Jeden Abend ein Bier vor dem Fernseher hat auch viele Vorteile. Wie soll man sich entscheiden, wenn man eine alte Gewohnheit loswerden und eine neue annehmen will?

Um die Versagensangst hier zu mindern, können wir mal wieder vieles tun. Eine wichtige Ursache übergroßer Angst vor Verhaltensänderungen besteht darin, daß wir die angestrebte Veränderung zu ungenau beschreiben: Was heißt schon, weniger zu rauchen, nicht mehr so viel Alkohol oder Kaffee zu trinken, weniger Süßigkeiten und Knabberzeug zu essen? Besser ist es, genau festzulegen, wie viele Zigaretten wir noch rauchen, wie viele Tassen Kaffee, Gläser Wein oder Bier und so weiter wir uns in Zukunft pro Tag noch gestatten, wie oft wir im Monat am Sonntag lange schlafen, respektive früh aufstehen wollen, daß wir nur noch dann beim Frühstück ein muffeliges Gesicht machen, wenn wir wirklich schlechte Laune haben – oder was wir sonst ändern wollen. Das allein ist jedoch noch keine ausreichende Vorbereitung. Da ist nämlich noch die Angst, Vorteile des gewohnten Verhaltens zu verlieren. Dieser Angst können wir begegnen, indem wir uns überlegen, wie wir diese Vorteile auch dann noch haben können, wenn unsere guten Vorsätze Wirklichkeit geworden sind. Dazu müssen wir zunächst einmal herausfinden, welche Vorteile es sind, die wir verlieren würden, auf die wir aber nicht verzichten wollen. Kennen wir solche Vorteile, sollten wir uns fragen, wie wir sie auch zukünftig haben können. Wie können wir anders: Vor dem Fernseher entspannen, Kollegen antreffen, beim Frühstück unsere Ruhe haben, uns vom Tagesstreß erholen usw.?

Nur noch ein Glas pro Abend oder doch lieber zwei? Oder lieber ganz und gar aufhören?

Alte Verhaltensweisen ersetzen

So kommen wir zu neuen Verhaltensweisen, die die abzustellenden Gewohnheiten ersetzen können. Vor dem Fernseher Obst essen, mit Handarbeiten oder Basteleien beschäftigen und Sprudel oder Kakao genießen, sich vom Tagesstreß bei einem Spaziergang oder Gesellschaftsspiel erholen, ein Glas Milch oder Saft in der Hand haltend am Kaffeeautomaten mit Kollegen reden, und was uns sonst noch einfällt. Das alles hilft uns, alte Gewohnheiten abzustellen.

Fragen müssen wir uns auch, wodurch es schwer sein könnte, das neue oder alternative Verhalten in die Tat umzusetzen, z.B. Knabberzeug und Süßigkeiten sind immer auf dem Tisch, Obst ist nicht im Haus, am Arbeitsplatz gibt es keine frische Milch, das Bastelzeug ist in einer Kiste auf dem Dachboden, es ist langweilig, alleine spazierenzugehen, keine Lust, am Sonntag im Schwimmbad ewig an der Kasse zu stehen, der Partner spricht beim Frühstücken immer von Problemen usw.

Haben wir solche Schwierigkeiten ermittelt, müssen wir überlegen, wie wir es uns leichter machen können, z.B. Knabberzeug auf dem Einkaufszettel durch Obst ersetzen, eine Obstschale neben den Fernsehsessel stellen, Handarbeits- und Bastelzeug in der Nähe des Fernsehers deponieren, Milch oder Saft zur Arbeit mitnehmen, einen Begleiter für den Abendspaziergang suchen, mit dem Partner vereinbaren, daß Probleme nicht beim Frühstück besprochen werden, Eintrittskarten für das Schwimmbad schon vor dem Sonntag kaufen, jede Woche zwei Zeiten festlegen, in denen bis dahin angefallener Papierkram geordnet wird usw. Übrigens, wenn es nicht gleich klappt mit dem guten Vorsatz, ist das kein Grund, ihn fallen zu lassen. Vielmehr können wir an dem Scheitern feststellen, was wir noch machen sollten beim nächsten Versuch, diese Gewohnheit abzustellen.

Wenn der Tag zu kurz ist, wir nicht alles geregelt kriegen – wie davor weniger Angst haben?

Angst vor dem Tag und allem, was er bringen könnte – was tun?

Gemeint sind hier nicht die kurzen Zeiten im Winter, in denen es draußen hell ist, und die langen Winterabende. Es geht vielmehr darum, daß der Tag nun mal 24 Stunden hat und deshalb so manches Mal nicht ausreicht für das, was wir alles tun sollen oder wollen. Schlafen müssen wir ja schließlich auch noch irgendwann. Da haben wir unsere Verpflichtungen im Beruf, in der Familie, im Haushalt, gegenüber Bekannten usf., z.B. bügeln, Kinder in den Kindergarten bringen, ein Vereinsfest organisieren u.a.m.

Und dann ist da noch das, was wir gerne tun möchten, z.B. ins Theater gehen, Freunde zu einem Dia-Abend einladen, mit der Modelleisenbahn spielen. Na, was müssen Sie in einen Tag hineinpacken?

Meinen wir, nicht alles zu schaffen, oder kriegen tatsächlich nicht alles hin, werden wir unruhig und hektisch, haben Angst zu versagen, bekommen ein schlechtes Gewissen, können uns selbst nicht leiden, beneiden andere, die das ja alles viel besser geregelt kriegen, sind deprimiert, leiden schon beim Aufwachen unter Übelkeit, würden am liebsten erst gar nicht aufstehen, vernachlässigen das, was wir für uns selbst tun, sind unzufrieden – und das war noch nicht alles, womit wir uns dann quälen. Und vor all dem haben wir Angst. Das muß aber nicht sein, anders geht es eben auch. Aber wie denn? Zuerst sollten wir überlegen: Welche Verpflichtungen müssen erfüllt werden? Und was wollen wir gerne tun?

Tagespläne schriftlich – anstatt im Kopf

Anschließend müssen wir uns fragen: Was davon soll und muß wann geschehen? Im nächsten Schritt halten wir fest, wieviel Zeit wir nach unserer Erfahrung wofür benötigen. Und all das machen wir am besten schriftlich. So erstellen wir uns einen Zeitplan für den Tag. In einem solchen Zeitplan müssen auch solche Zeiten enthalten sein, in denen wir uns zwischen dem Erfüllen von Verpflichtungen kleine Annehmlichkeiten gönnen; also Zeiten, in denen wir uns das erlauben, was uns oft unnütz ist und deshalb unter den Teppich gekehrt wird, z.B. nach dem Spülen die Hände eincremen, nach der Gartenarbeit etwas länger duschen, zwischen dem Erledigen von Besorgungen in der Eisdiele eine Pause machen, mit dem Kollegen über den letzten Bundesligaspieltag plaudern und anderes Wohltuendes. Auch solche kleinen – wir können sagen – Belohnungen und dafür vorgesehene Zeiten müssen in dem Tagesplan stehen. Haben wir solche Tagespläne, brauchen wir alles, was wir tun müssen oder sollen, nicht mehr im Kopf zu haben, können uns besser auf das im Moment Anliegende konzentrieren, haben einen genauen Überblick, können eher Wichtiges von Unwichtigem unterscheiden, mindern den dauernden inneren Druck, sind weniger unzufrieden, weil wir in unserem Plan sehen, daß wir schon etwas geschafft haben – das vergessen wir nämlich auch viel zu leicht – und tatsächlich auch mehr hinkriegen, weil wir die Zeit sparen, die wir vorher verbraucht haben für unser Grübeln, unsere Hektik, in der wir mehrere Dinge gleichzeitig erledigen wollten, was ohnehin nicht klappt oder andere quälende Dinge.

Was muß heute gemacht werden, was hat Zeit bis morgen? Ein schriftlicher Tagesplan hilft immer.

Auch fällt es uns so leichter, uns Ruhepausen zu gestatten, in denen wir uns kleine Annehmlichkeiten gönnen, da erlauben wir uns eher, auch das zu tun, was wir gerne möchten, anstatt es auf den Sanktnimmerleinstag zu verschieben.

Und dann brauchen wir uns nur noch an den Plan zu halten. Wenn das so einfach wäre! Stimmt! – Ganz so einfach ist es eben doch nicht! Da kommt uns etwas Unerwartetes dazwischen, z.B. ein Arztbesuch mit dem kranken Kind, der Chef, dem immer plötzlich etwas Neues einfällt, Steckenbleiben im Stau, ein defektes Gerät usw., und das Geplante bleibt liegen.

Wenn man abhaken kann, was man bereits getan hat, wirkt das an sich schon wie eine kleine Belohnung.

Auch fällt uns zwischendurch noch dieses und jenes ein, was zusätzlich noch getan werden muß oder soll: Kontoauszüge mal wieder ordnen, den Keller von Spinnweben befreien, einen Blumenstrauß für den Geburtstag der Mutter besorgen, die Freundin anrufen, wieder mal zum Kegeln oder ins Kino gehen, Dias rahmen, eine Rede für das Vereinsfest schreiben. Schon wieder werden wir unruhig, bekommen Angst, es nicht zu schaffen, und fangen erneut an, uns wie auch immer zu quälen. Aber die Lage ist bisher nur ernst, noch lange nicht hoffnungslos.

Überlegen müssen wir, was wir von dem für heute Geplanten auf später verschieben können. Haben wir schon Pläne für die nächsten Tage, sollten wir diese gleich zur Hand nehmen und für das heute Versäumte sowie für das, was uns noch eingefallen ist, einen genauen Zeitpunkt festlegen, an dem es getan werden kann. Sind für die nächsten Tage noch keine Zeitpläne vorhanden, müssen wir uns einen gesonderten Zettel nehmen; auf diesem notieren wir alles Nicht-Geschaffte sowie alles, was uns noch eingefallen ist. Dadurch finden wir wieder Ruhe, mindern die Angst und anderes Quälende; so haben wir den Kopf wieder frei für das, was jetzt im Moment ansteht.

Den gesonderten Zettel ziehen wir zu Rate, wenn wir Pläne für die nächsten Tage machen; dann können wir für das, was auf dem Zettel steht, in Ruhe überlegen, an welchem Tag es in den Plan paßt.

Verlieren wir durch Pläne nicht unsere Spontaneität?

O wie furchtbar, dann können wir ja gar nichts mehr spontan tun: Nicht mehr lange mit der Freundin telefonieren, zuhören, wie die Regentropfen an das Fenster klopfen, mit dem Nachbarn über das gestrige Länderspiel diskutieren, den liegengebliebenen Wagen eines Kollegen abschleppen! So ist es nun gerade nicht! – Im Gegenteil! – Spontaneität bringt unseren Tagesplan durcheinander! Stimmt! – Dennoch helfen uns solche Pläne spontan zu sein, ohne dabei ein schlechtes Gewissen haben zu müssen. Wir stellen fest, daß wir wegen unseres spontanen Tuns etwas von dem versäumt haben, was für den heutigen Tag vorgesehen war. Also müssen wir überlegen, was wir von dem für diesen Tag Vorgesehenen auf später verschieben können, am einfachsten geht das, wenn wir unseren Plan dabei zur Hand nehmen.

Und wenn ich all das nicht schaffe, was ich mir so schön schriftlich notiert habe? Den Plan revidieren!

Und, was als nächstes zu tun ist, das wissen Sie schon – falls Pläne für die nächsten Tage vorliegen, nachsehen, wann das Verschobene nachgeholt werden kann, und es an der entsprechenden Stelle in einem Tagesplan eintragen. Falls keine weiteren Tagespläne vorliegen, das Versäumte auf einen gesonderten Zettel schreiben, diesen Zettel zu Rate ziehen, wenn neue Tagespläne angefertigt werden, und für das Aufgeschobene einen passenden Zeitpunkt finden. Na, was meinen Sie – könnte es vielleicht doch sein, daß Tagespläne helfen, leichter spontan zu sein?

Und später geht alles im Kopf

Übrigens wäre es fatal, wenn wir Ihnen hier etwas empfehlen würden, was die Spontaneität noch mehr verringert; spontan sind wir ohnehin schon viel zu selten – und zwar hauptsächlich wegen unseres drauffolgenden schlechten Gewissens und unserer Angst vorm schlechten Gewissen. Solche schriftlichen Tagespläne brauchen wir nicht bis in alle Ewigkeit. Sind wir darin geübt, solche Pläne zu erstellen und mit ihnen umzugehen, können wir all das auch im Kopf.

Gefühle leben und erleben

Wo stecken unsere Gefühle?

Irgendwie sind irgendwelche Gefühle doch wohl immer da! – Und so schwer haben wir es so manches Mal mit ihnen! – Oder sind sie in unserer Zeit doch nicht mehr so wichtig? Allem Anschein nach sind unsere Gefühle, unsere Emotionen mit zunehmender Industrialisierung immer unwichtiger geworden. Sowohl in der Wissenschaft als auch im Alltag werden sie viel zu oft sträflich vernachlässigt – oder gar als störende Erscheinungen angeprangert. Im Alltag sollen sie unterdrückt oder weggeschoben werden. So ist das nicht nur mit der Angst, sondern ebenso mit all den anderen Gefühlen wie Trauer, Freude, Verzweiflung, Stolz, Ärger, Langeweile und Eifersucht. Wann haben Sie zum Beispiel das letzte Mal richtig gelacht? Nein, nein – gemeint ist nicht das verschämte oder unverschämte Grinsen und ebensowenig das mehr oder weniger gekünstelte Lächeln. Es geht um das Lachen aus vollem Halse und von ganzem Herzen. – Wissen Sie noch, wie es ist, wenn Sie sich vor Lachen ausschütten könnten, Ihnen die Lachtränen über die Wangen kullern, Ihnen vor Lachen fast die Luft wegbleibt und Sie meinen, gleich einen Lachkrampf zu bekommen?

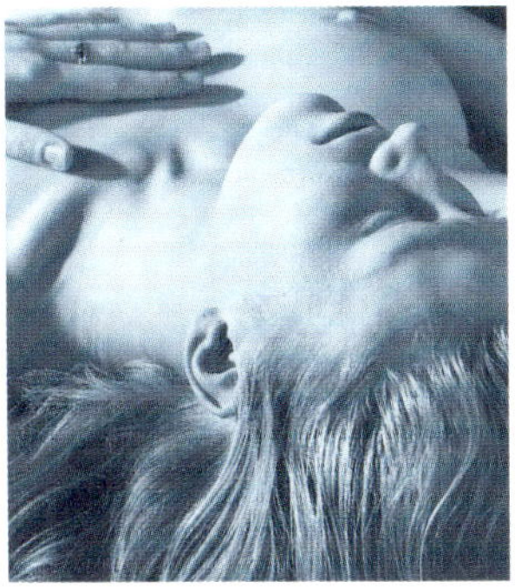

Einmal wieder richtig weinen, heulen und ganz viele Taschentücher naß machen. Wann haben Sie das letzte Mal geheult?

Ja, ich erinnere mich düster! – Früher ist das wohl vorgekommen! – Aber jetzt, hm? Und wie ist das bei Ihnen mit dem Weinen, das zum richtigen Trauern gehört? – Eben mit dem Weinen, bei dem Rotz und Wasser fließen? Nun ja das war, ach es ist eben auch schon lange, lange her! Auch wenn wir es noch so gerne möchten, lassen sich Gefühle nicht einfach wegschieben. Im Alltag begegnen sie uns andauernd. Wir ärgern uns über den Radfahrer, der uns den Weg abschneidet, sind wütend auf den Chef, der uns schon wieder eine Gehaltserhöhung verweigert. Freuen uns über einen Brief des Geliebten, sind traurig, weil unser Hund gestorben ist, langweilen uns, weil nichts Gescheites im Fernsehen kommt, fühlen uns einsam, weil der Partner auf einem Lehrgang ist, sind eifersüchtig auf den besten Freund, dem unsere Tischdame mehr Aufmerksamkeit schenkt als uns selbst. Und da stecken wir nun in dem Dilemma mit den Gefühlen, die uns Angst machen, zum Leben und Überleben aber nun mal dazugehören. Angst haben wir vor dem Erleben von Gefühlen – wir könnten uns ja in sie hineinsteigern oder gar von ihnen übermannt werden. Aber nicht nur das; auch das Ausdrücken unserer Emotionen ängstigt uns. Wir könnten deshalb ja abgelehnt werden, gegen irgendwelche Verhaltensregeln verstoßen usw. Nehmen wir mal wieder das richtig kräftige Lachen und sehen uns an, warum wir Angst davor haben, so unsere Freude und Fröhlichkeit kundzutun. Oft kommt uns so etwas in den Sinn wie: Als Erwachsene (welchen Alters auch immer) müssen wir schließlich dem Ernst des Lebens in die Augen sehen – uns mit privaten Problemen befassen, z.B. Anforderungen und Schwierigkeiten im Beruf, der Familie, mit den Finanzen usw., uns mit vielen, vielen gesellschaftlichen und politischen Fragen beschäftigen, wie Aufbau im Osten, Asylfrage, Wohnungsnot – und das waren noch längst nicht alle, uns über die Umweltverschmutzung Sorgen machen, z.B. Ozonloch, Müllberge und anderes, um nur einiges zu nennen, was den Ernst des Lebens ausmacht! Und was die anderen Leute denken, wenn wir aus vollem Halse loslachen? Bestimmt denken sie, wir seien kindisch, albern, verantwortungslos – oder auf andere Art eben noch nicht erwachsen. Auch bei anderen Gefühlen sind wir nicht verlegen um Gründe, warum wir das nicht dürfen, warum es unschicklich ist usw. Es soll hier reichen, das noch an einem Beispiel zu zeigen.

Einmal wieder richtig lachen, durchlachen, naßlachen, sich ausschütten vor Lachen…

Nehmen wir diesmal das Weinen als Ausdruck von Trauer und Schmerz; da könnten andere ja denken: ich bin schwächlich, kein richtiger Mann, werde mit dem Leben nicht fertig – und nicht nur so etwas kommt uns da in den Kopf. Vielleicht belasten wir andere auch durch unser Weinen – das geht doch nicht. Na, was fällt Ihnen da so alles ein, warum Sie ihren Ärger, Stolz und anderes nicht zeigen dürfen? Diese Gedanken sind es, die uns ängstigen.

Gefühle erleben und zeigen – wieviel Angst dabei empfinden?

Es kann doch so sein, daß wir bei diesem und jenem anecken, weil wir unsere Gefühle zeigen oder etwas nicht schaffen, weil

Es kann Probleme geben, wenn man in bestimmten Situationen seine Gefühle offenlegt. Problematisch kann es aber auch sein, wenn man seine Gefühle dauernd verbirgt.

wir in unseren Emotionen versunken sind – kennen wir doch alles! Also brauchen wir die Angst doch! – Oder kann auch diese Angst irgendwann zu groß sein? Richtig! – Wir brauchen auch die Angst davor, Gefühle zu erleben und auszudrücken! Selbstverständlich gibt es im Alltag Situationen, in denen momentan anderes als unsere Gefühle wichtig ist, in denen es ein Nachteil wäre, wenn wir uns unserem momentanen Gefühl hingeben würden, z.B. in einer Prüfung, einem wichtigen Gespräch, während schwieriger Arbeiten im Haushalt oder Beruf – und nicht nur bei diesen Gelegenheiten.

Ebenso ist klar, daß wir unsere Gefühle nicht jedem gegenüber gleich herausposaunen sollten, z.B. den Chef sollten wir vielleicht nicht gleich anbrüllen, obwohl er uns während des Vorstellungsgesprächs wütend gemacht hat, dem Verkäufer, den wir gerade erst kennengelernt haben, werden wir auch nicht gleich und auf der Stelle unsere sexuelle Lust zeigen usw.
So hilft uns diese Angst, daß wir durch unsere Gefühle keine Nachteile haben, wie z.B. von anderen nicht isoliert sein, keine schwerwiegenden Fehler im Beruf machen – und nicht nur davor bewahrt sie uns.

Gefühle nicht in sich hineinfressen

Aber unsere Angst vor dem Erleben und Leben von Emotionen ist schon fast gewohnheitsmäßig viel zu groß, und wir vergessen, daß wir unsere Gefühle brauchen wie das tägliche Brot. Wie die Angst, so weisen uns auch andere Gefühle darauf hin, daß eine Situation für uns ganz persönlich eine Bedeutung hat und helfen uns, die Situation zu bewältigen oder geeignete Bewältigungsstrategien aufzubauen. Ebenso wie bei der Angst brauchen wir die kommunikative Funktion des Gefühlsausdrucks auch bei allen anderen Emotionen. Woher sollen andere sonst wissen, daß wir ärgerlich, traurig, fröhlich u.ä. sind? Wie sollen sie uns, wenn sie es nicht wissen, helfen, mit dem fertig zu werden, was uns traurig oder ärgerlich macht? Fressen wir unsere Gefühle in uns hinein oder unterdrücken sie gar vor uns selbst, geht all das nicht. Und was kommt dabei heraus? Die gefühlsauslösenden Situationen bleiben unverarbeitet und unbearbeitet, die Gefühle sind nicht durchlebt, sondern nur weggeschoben, und vor Weggeschobenem bekommen wir ja bekanntlich Angst. Na, wie war das mit der Angst vor der Angst?

Wer seine Gefühle in sich hineinfrißt, wird sie nicht los. Es tauchen immer wieder Situationen auf, in denen die Gefühle wie aus einem Gefängnis ausbrechen.

Die Energie in uns schafft sich ein Ventil

Wie bei der Angst, stellt der Körper auch bei anderen Gefühlen Energie bereit, die wir brauchen, um eine für uns bedeutsame Situation zu bewältigen. Das merken wir wie bei der Angst daran, daß sich in unserem Organismus einiges tut. Wir spüren ein Kribbeln im Bauch, einen Kloß im Magen, einen zugeschnürten Hals, Druck in der Brust, angespannte oder lockere Muskeln, feucht werdende Augen, schnelleres, flacheres, langsames und tieferes Atmen, ein schneller schlagendes Herz, eine Gänsehaut, Wärme und Kälte, nicht nur im Gesicht, an den Händen und Füßen, wie Mund und Augen, die mehr oder weniger weit geöffnet sind.

Wo soll diese Energie hin, wenn wir sie nicht nutzen? Sie bleibt in unserem Organismus und kommt dort auf irgendeine Art wieder zum Ausdruck. Unterdrücken wir Gefühle über längere Zeit, werden sie nicht angemessen bewältigt, so daß sie bewußt oder unbewußt bestehenbleiben, was sich besonders in solchen Situationen bemerkbar macht, die wenig Aufmerksamkeit von uns fordern und in denen nichts passiert, was uns oder unsere Lebenssituation betrifft, z.B. in einer Warteschlange, einem Stau, während eines langweiligen Films oder Vortrags, eintönigen

Tätigkeiten usw. Wie sich unterdrückte Gefühle und die ungenutzte Energie oder das erhöhte Erregungsniveau zeigen können, dafür gibt es viele, viele Möglichkeiten:

- Spannungskopfschmerz
- Atemnot
- starkes Schwitzen
- Erröten und Zittern
- Magendrücken
- vermehrter Harndrang
- Herzrasen, Durchfall
- andauernde innere Unruhe und inneres Aufgewühltsein
- ständiger Bewegungsdrang
- unpassender Gesichtsausdruck (Zickigkeit, Feindseligkeit oder Ignoranz, statt vor Ärger laut zu schimpfen)
- dem Anlaß unangemessene Wutausbrüche, in denen all das vorher Runtergeschluckte mit rauskommt
- in einem übersteigerten Erleben des Gegensätzlichen, weniger ängstigenden Gefühls (statt den Ärger zu zeigen, was Angst macht, immer mehr Schuldgefühle aufbauen).

Auf die Dauer schlägt sich das nieder in ernsthaften Erkrankungen oder problematischem Verhalten – eben darin, worin sich auch weggeschobene Angst niederschlagen kann. Erinnern Sie sich noch an das Kapitel: Wieviel Angst wegschieben? Daraus folgt also, daß wir das Leben und Erleben unserer Emotionen auch für unser Wohlbefinden brauchen. Sehen wir uns beispielsweise mal an, warum das richtige Trauern und heftige Weinen wichtig ist.

Ärger zeigen macht Ärger. Ärger verbergen macht Angst. Dazu gesellen sich dann noch Schuldgefühle.

Sich Gutes tun durch Lachen und Weinen

Trauer als Reaktion auf einen akuten Verlust ist zu sehen als eine Emotion, deren Funktion darin besteht, den Verlust zu überwinden, indem im Verlaufe der Trauer die allmähliche Ablösung von der verlorenen Person oder dem wichtigen Objekt erfolgt und der Aufbau neuer Beziehungen und Bindungen durch das Trauerverhalten gefördert wird. Es ist hilfreich, Rotz und Wasser zu heulen; egal, ob es aus Wut, aus Freude oder aus Ohnmacht geschieht – wir fühlen uns erleichtert, manchmal auch bärenstark; Seufzen, Schluchzen, Weinen und Schreien bedingen eine Spannungsabfuhr, eine Katharsis im wahren Sinne. Die Folgen unterbleibender oder fehlgeleiteter Verarbeitung von Verlustereignissen sind vielfältig: da kommt es unter anderem zu Lustlosigkeit, anhaltendem Deprimiertsein oder psychosomatischen Erkrankungen. Oder schauen wir uns an, warum wir unsere Fröhlichkeit und unser herzhaftes Lachen brauchen: Es ist nicht nur ein dummer Spruch, daß Lachen gesund ist. Da ist eine ganze Menge dran. Lachen hat eine herrlich entspannende Wirkung; es ergreift den ganzen Körper, Blutdruck und die Zahl der Herzschläge steigen kurzfristig an – um bald wieder zu sinken –, und die Muskulatur wird so gelöst, daß wir uns nach einem richtigen Heiterkeitsausbruch nach Luft schnappend hinsetzen müssen. In diesem entspannten Zustand können wir viel besser als in dauernder Anspannung und Unruhe über all das nachdenken, was den Ernst des Lebens ausmacht. Aber nicht nur dafür ist unser herzhaftes Lachen wichtig. Nicht nur wegen der Herbeiführung von Entspannung tun wir unserer Gesundheit durch Lachen Gutes. Lachen kann auch helfen, manche psychosomatischen Krankheiten, Schmerzen und Depressionen zu lindern. Positive Effekte hat das Lachen auch in unseren Kontakten zu anderen. Es schafft eine entspannte Atmosphäre, in der auch Probleme leichter angesprochen und schwierige Situationen leichter bewältigt werden können; und gemeinsames Lachen fördert das Zusammengehörigkeitsgefühl. Zu stark ist diese Angst beispielsweise dann, wenn wir:

Lachen befreit und entspannt. Gemeinsames Lachen fördert das Zusammengehörigkeitsgefühl.

- unsere Gefühle nur noch runterschlucken
- sie bei jedweder Gelegenheit als Störenfriede verteufeln
- wir eine sehr hohe Schwelle haben, die überschritten sein muß, damit wir uns erlauben, Emotionen zuzulassen und auszudrücken (nur bei einem Todesfall im engsten Familienkreis weinen dürfen, bei einem Millionengewinn im Lotto einen Freudensprung machen dürfen, nur dann vor Wut eine Tür zuschlagen dürfen, wenn uns eine ganz bestimmt ungerechtfertigte Kündigung der Arbeitsstelle ins Haus flattert usw.
- Gefühle nur ganz wenigen Personen gegenüber zeigen (dem besten Freund, dem kleinen Kind – und anderen, bei denen wir ganz sicher sein können, daß sie darauf nicht negativ reagieren)
- Emotionen bei uns selbst schon gar nicht mehr so recht wahrnehmen können
- immer und ewig Nachteile des Unterdrückens von Gefühlen in Kauf nehmen
- Angst bekommen, wenn wir irgend etwas sehen, hören oder erleben, was mit dem Zulassen und Ausdrücken von Emotionen zu tun hat

- wenn wir ein Gefühl erleben und zeigen: andauernd ein schlechtes Gewissen bekommen, uns schämen, für jeden auch noch so leichten Gefühlsausbruch
- Entschuldigungen finden müssen
- durch einen solchen Ausbruch in Panik geraten, daran denken, daß uns deshalb jeder ablehnen muß, und uns selbst ablehnen, meinen deshalb, versagt zu haben und daß wir nicht erwachsen sind.

Wie Gefühle leichter zulassen und ausleben?

Es gehört schon fast zum guten Ton, zumindest seine negativen Gefühle zu unterdrücken.

Da wir in unserer Gesellschaft Gefühle schon fast gewohnheitsmäßig unterdrücken, müssen wir zunächst einmal wieder lernen, sie wahrzunehmen. In der mangelnden Fähigkeit, Gefühle wahrzunehmen, liegen schon einige Ursachen einer übergroßen Angst vor dem Leben und Erleben von Emotionen. Eine Ursache dieser Angst liegt darin, daß wir nur noch einige wenige – meist nur ganz starke und uns am deutlichsten ängstigende – Gefühle kennen. Es gibt aber eine Unmenge Gefühle, die uns im Alltag immer wieder begegnen. Wollen wir Gefühle angemessen wahrnehmen und zeigen, müssen wir schließlich erst einmal wissen, was das für welche sein können. Deshalb sollten wir uns eine Liste erstellen, die uns zeigt, welche Emotionen es überhaupt gibt. Dabei ist es nicht wichtig, ob die Gefühle, die wir auf unsere Liste schreiben, wissenschaftlich fein säuberlich zu unterscheiden sind. Haben wir eine solche Liste erstellt, müssen wir wieder lernen, all diese Gefühle bei uns selbst und anderen zu erkennen. Das geht, indem wir darauf achten, was sich in und mit unserem Körper tut. Das, was uns da auffällt, können wir einzelnen Gefühlen auf unserer Liste zuordnen. Bis das Wahrnehmen von Veränderungen des Körpers klappt, dauert es eine Weile; wir müssen darin erst wieder viel, viel geübter werden. Die Zeit und Mühe sollten wir aber investieren; der Erfolg rechtfertigt es, Gefühle wahrnehmen zu können. Leichter fällt es uns, Gefühle wahrzunehmen, wenn wir uns hin und wieder eine Blaue Stunde gönnen, in der wir nichts anderes tun als in uns hineinzufühlen und unseren Emotionen nachzuhängen. Nun nehmen wir sie wahr, haben aber Angst davor, sie zuzulassen. Diese Angst

Einmal wieder einen Tag lang nichts tun und nur in sich und die Welt hineinhorchen und die Seele baumeln lassen: nur ein Wunschtraum?

kommt hauptsächlich dadurch zustande, daß wir unzutreffende Informationen darüber haben, was dann mit uns passiert. Wir steigern uns in das Gefühl hinein, werden davon übermannt, hegen Befürchtungen, die wir aufgrund falscher Informationen oftmals haben. Bei anderen Gefühlen geht das aber nun mal ebenso wenig wie bei der Angst.

Unzutreffende Informationen führen auch dazu, daß wir körperliche Begleiterscheinungen von Gefühlen falsch deuten; oft werden sie fehlgedeutet als Symptom einer Krankheit, was uns dann wieder Angst macht, z.B. das nicht nur bei sexueller Lust schneller schlagende Herz ist kein Zeichen für einen bevorstehenden Herzinfarkt. Druck im Kopf als Anzeichen für einen Gehirntumor – und anderes Beängstigendes fällt uns da ein.

Falsche Informationen führen uns oftmals in die Irre – das Herz klopft vor Freude, nicht weil ein Infarkt bevorsteht.

Nur wenn wir das Gefühl durchleben, spüren wir, daß die Veränderungen des Körpers zu dem Gefühl gehören, verschwinden, wenn das Gefühl abklingt, und eben doch kein Symptom einer mehr oder weniger schweren Krankheit sind. Erleichtern können wir uns das Erleben unserer Emotionen, indem wir ihrem Auftauchen ein wenig auf die Sprünge helfen; das geht, indem wir uns mit etwas konfrontieren, das zu dem jeweiligen Gefühl paßt, z.B. fröhliche oder traurige Musik hören, uns ärgerliche Begebenheiten vorstellen – und nicht nur so können wir unseren Gefühlen einen Weg bahnen.

Was würde ein Kind in der gleichen Situation tun?

Um so einen gesunden Trauerprozeß in Gang bringen zu können, kommt es darauf an, daß wir uns mit dem Verlust konfrontieren, uns mit diesem auseinandersetzen. Es gibt viele Möglichkeiten, wie wir uns an den Verlust heranführen können. Beispielsweise können wir uns wiederholt Sätze sagen wie: Ich werde den Verstorbenen nie wieder sehen.

Nichts wird mehr so sein wie früher. Abschiedsbriefe oder Übungen, zum Beispiel: was ich ihm noch sagen wollte, wenn er noch hier wäre, ermöglichen es zudem, häufig beteiligte Gefühle wie Aggression und Schuld miteinzubeziehen. So besteht ein oft sinnvoller Weg darin, mit einem Verstorbenen zu sprechen: auf dem Friedhof, in der Wohnung vor seinem Bild, während unbeobachteter Momente bei der Arbeit oder anderswo; ihm dabei alles zu erzählen, was wir erlebt haben, mit ihm über vergangene

Erlebnisse zu diskutieren, wobei wir sogar Streit und Differenzen mit ihm klären können.

Oder nehmen wir die Fröhlichkeit und das Lachen, dieses Gesunde, das wir unbedingt wieder und wieder öfter tun sollten. Damit das gelingt, überlegen Sie doch mal, was es bei Ihnen Lustiges und Spaßiges gibt, bei dem sie bis heute gelächelt, gegrinst und sich das herzhafte Lachen verkniffen haben, worüber Sie früher gelacht haben, und was andere Menschen zum Lachen bringt. Dabei können Sie auf vielerlei stoßen, z.B. Witze, Erinnerungen an lustige Begebenheiten in einem Film oder in Ihrem Alltag, komische Gesichter und Szenen auf Bildern usw. In Ihrem Alltag heute, morgen und an allen folgenden Tagen, gibt es ganz bestimmt das eine oder andere, das zum Lachen ist; achten Sie mal darauf!

Angst haben wir auch davor, daß wir unsere Gefühle unangemessen ausdrücken

Das tun wir auch, wenn wir sie andauernd in uns hineinfressen. Diese Angst können wir mindern, indem wir in einem adäquaten Gefühlsausdruck wieder geübter werden. Wie sollen wir das nun wieder machen! Schriftlich kriegen wir das am besten hin. Wir sollten uns zunächst überlegen, wie ein Gefühl im allgemeinen – unabhängig von der jeweiligen Situation – ausgedrückt werden kann: Wie kann ich mich freuen, wütend sein, trauern, meinen Stolz demonstrieren usf. Gefragt ist hier ein natürlicher, nicht ein wie auch immer verschrobener Ausdruck. Leichter fällt uns dazu etwas ein, wenn wir uns fragen: Wie drücken andere dieses Gefühl aus? Was tun Kinder, wenn sie das Gefühl haben? Kleine Kinder können ihre Gefühle noch ganz natürlich ausdrücken. Wie habe ich dieses Gefühl früher ausgedrückt?

Wie kann man seine Wut entladen, ohne gleich die Kündigung dafür als Quittung zu erhalten?

Beispielsweise fallen uns zum Ausdrücken von Ärger vielleicht solche Möglichkeiten ein wie:

- eine Tür oder eine Schublade zuschlagen
- lautstark schimpfen
- etwas an die Wand werfen (es muß nicht immer Geschirr sein – Schuhe, Zeitungen, Stofftiere oder etwas Unzerbrechliches reicht auch)
- jemandem laut und wild gestikulierend erzählen, was passiert ist

- einen wütenden Brief schreiben
- mit der Faust auf den Tisch hauen
- auf den Boden stampfen
- knurren
- ein wütendes Gesicht machen
- ein paar Schimpfworte aus der Mottenkiste kramen (Sie wissen schon, so etwas wie dumme Ziege, alter Esel, Kamel, fauler Sack).

Die Ausdrucksmöglichkeit des Gefühls überlegen

Welche Ausdrucksmöglichkeit paßt zu welchem Anlaß, zu welcher Situation?

Haben wir festgestellt, wie wir ein Gefühl – welches es auch immer ist – überhaupt ausdrücken können, müssen wir überlegen, welche Ausdrucksmöglichkeit zu welcher Situation paßt. Wut zeigen wir unserem Chef gegenüber anders als wir sie ausdrücken, wenn wir zu Hause einsam im Keller sitzen; über den Tod einer nahestehenden Person trauern wir anders als über den Verlust von 10 DM usw. Zu einer Situation paßt die Art des Auslebens, durch die wir keine unnötigen Nachteile haben, wenn wir unser Gefühl so ausleben, daß wir uns anschließend befreit fühlen. Wieder etwas, das leichter gesagt als getan ist!

Notwendig ist es an dieser Stelle nämlich, daß wir noch einiges andere tun. Und zwar ist dabei all das wichtig, was wir noch von der Angst vor Ablehnung schon kennen; denn unsere größte Angst ist dabei die, wegen eines unpassenden Gefühlsausdrucks abgelehnt zu werden.

Gefühle offen zeigen

Können wir unsere Gefühle nun wahrnehmen und verfügen wir – zumindest schon mal auf dem Papier und hoffentlich bald auch im Kopf – über Ausdrucksmöglichkeiten, ist das Leben oder Zeigen der Emotionen angesagt.

Damit wir uns nicht gleich ins kalte Wasser stürzen müssen, können wir das zunächst tun, indem wir uns das, was uns Angst macht, so konkret und lebendig wie möglich vorstellen. Das hilft uns, die Angst vor dem Streit mit dem Partner, dem Weinen beim Abschied auf dem Bahnhof etc., zu mindern, Ausdrucksmöglichkeiten einzuüben und nochmals zu prüfen, ob sie für die jeweilige Situation wirklich geeignet sind. Aber dann ist es nun endlich so weit.

Wir kommen nicht darum herum, unsere Gefühle auch real im Alltag zu erleben und auszudrücken

Tun wir das nicht, behalten wir unsere Angst vor ihnen auch weiterhin. Und gerade das wollten wir ja schließlich nicht! Nur dann, wenn wir sie auch tatsächlich ausdrücken, merken wir, daß wir das, ohne schwerwiegende Nachteile zu haben, tun können und es uns nachher dadurch viel, viel besser geht. Und das nicht nur deshalb, weil wir uns von dem Ballast befreit haben, den wir sonst ewig und drei Tage mit uns herumschleppen würden. Da spüren wir unsere Erleichterung – nicht nur im Kopf, sondern vor allem auch körperlich – sofort, nachdem wir mal aus Leibeskräften gebrüllt haben, Tränenströme haben fließen lassen – oder unseren Gefühlen sonstwie passend und auf natürliche Art Ausdruck verliehen haben. Passend und natürlich muß der Ausdruck aber schon sein, sonst erreichen wir gar nichts, oder spüren Sie vielleicht Erleichterung, wenn Sie Ihren Ärger irgendwie hintenrum, durch Feindseligkeiten, zickiges Verhalten oder Ignorieren kundtun? – Bestimmt nicht! – Nichts kommt dabei heraus! – Ich fühle mich nicht erleichtert (im Gegenteil), werde nur noch wütender, nichts wird geklärt, und alles wird noch verfahrener!

Und feige ist das, was wir auch ganz gerne tun – den Ärger bei irgendwem abzulassen, vor dem wir weniger Angst haben. Kennen Sie zum Beispiel dieses Phänomen? Bekommen wir einen Anschiß vom Chef, wird zu Hause der Ehepartner wütend angemacht.

Drei Streit-Merkmale

Die offen gezeigte Wut bringt mehr Entlastung als der hintenrum abgeladene Ärger.

Lernen müssen wir auch, natürlichen von verschrobenem oder pervertiertem Gefühlsausdruck zu unterscheiden. Und dazu ist es notwendig, zu beobachten, wie es uns geht, wenn wir auf irgendeine Art ein Gefühl ausgelebt haben. Natürlich ist all das, was uns selbst Erleichterung bringt, das Gefühl abklingen läßt und unser Zusammensein mit anderen nicht über das notwendige Maß hinaus stört, sondern es normalisiert. Sehen wir uns das mal an, und zwar an etwas, das uns im Alltag allzuoft in Angst und Schrecken versetzt – nämlich an Konflikten.

Streiten sollen wir! – Aber wie? Ein lebendiger und natürlicher Streit hat einige charakteristische Merkmale – nämlich diese:

1. Die Auseinandersetzung sollte zeitlich knapp begrenzt sein, womit ein Zeitraum von bis maximal 1/2 – 1 Stunde gemeint ist.

2. Sie sollte heftig sein, ein wenig über das Ziel hinausschießen und in Wortwahl, Intonation der Stimme, Mimik, Gestik und Lautstärke, Merkmale von Wut und Ärger ausdrücken. Dabei sollte es zu physiologischen und psychologischen energiezehrenden Beanspruchungen kommen, die erschöpfend wirken.

3. Sie sollte bei dem Akteur im Anschluß an die Aggressionsäußerung ein mehr oder minder starkes, aber für ihn selbst noch tolerierbares Maß an Schuldgefühlen hervorrufen (deswegen über das Ziel hinausschießen), das seinerseits Personen versöhnlich stimmt, so daß es am Ende einer beidseitig vital geführten Auseinandersetzung relativ schnell, maximal nach Stunden, zu einer Versöhnung kommt. Das Motiv zu einer Versöhnung am Ende der vitalen Aggressionsäußerung ist das Schuldbewußtsein; es ist allerdings dabei durchaus nicht notwendig, daß wir uns vor Schuldgefühlen im Staub wälzen – wie gesagt, nicht zu viel und nicht zu wenig.

Ein sehr unangenehmes Gefühl ist das Schuldbewußtsein. Auch hier ist es notwendig, nicht zuviel und nicht zuwenig.

Der Ärger-Versöhnungs-Swing

Mit Sicherheit ist es aber nicht ausreichend, nach einer Weile so zu tun, als wäre nichts gewesen. Es gibt Menschen, die lieber ins Gras beißen, sich erhängen oder Krebs kriegen, als daß sie einmal in ihrem Leben zugeben, daß irgend etwas, was sie getan haben, nicht richtig war. In stabilen sozialen Beziehungen gibt es ein Schwingen zwischen aggressiven und versöhnlichen Verhaltensweisen – den Ärger-Versöhnungs-Swing.
Daran sehen wir, daß eine Versöhnung nur dann möglich ist, wenn der Ärger, die Wut und der Zorn vorher rausgekommen sind. Ist all das geschafft, können wir anfangen zu reden, Probleme zu klären. Aber wirklich erst dann; denn jetzt ist der Kopf – und nicht nur der – wieder frei. Problemlösungen im wütenden Zustand herbeiführen zu wollen ist für die Katz, es kommt nichts – und schon gar nichts Gescheites – dabei heraus. Oder wie ist das bei Ihnen? – Bestimmt nicht anders! Und damit sind wir auch gleich dem Einwand begegnet, lebendiges Streiten mit Schimpfen, Schreien usw. löse keine Probleme. Im Streit selbst werden die Probleme nicht gelöst, aber wir brauchen ihn, um in einen Zustand zu kommen, der Problemlösungen ermöglicht – und den haben wir nach dem Streit und der Versöhnung.

Eine Versöhnung ist nur möglich, wenn alle Seiten wissen, was den Ärger ausgelöst hat. Das setzt voraus, daß offen darüber geredet wird.

Sich Gutes tun oder mal gar nichts tun

Welches Gute tun, was nicht?

Uns selbst was Gutes tun, nichts tun? Da gibt es nun vieles, was wir nur für uns selbst tun, das angenehm für uns ist und uns wohltut; dazu gehört auch, mal nichts zu tun.

Sich selber kleine Annehmlichkeiten gönnen – länger duschen, Blumen kaufen oder was sonst Freude macht.

Wichtiger als die großen Dinge, die viel Zeit in Anspruch nehmen und viel Geld kosten, wie z.B. in den Urlaub fahren, einen Anzug kaufen, eine neue Polstergarnitur ins Wohnzimmer stellen – und was uns sonst noch Aufwendiges einfällt, sind die kleinen Annehmlichkeiten im Alltag – etwas länger duschen, an einem Werktag bei Kerzenlicht essen, auf dem Weg zur Arbeit Blumen für den Schreibtisch mitnehmen, uns sagen: Gut gemacht! Uns genüßlich ins Fenster legen und dem Treiben auf der Straße zusehen u.ä. Wissen Sie eigentlich noch, wie es sich anfühlt, in den Tag zu träumen oder Musik zu hören, ohne dabei ein schlechtes Gewissen zu haben? Wann haben Sie das letzte Mal allein vor dem Spiegel getanzt, sich einen Bildband angesehen, mit offenen oder geschlossenen Augen im Wald auf einer Bank gesessen und dem Rauschen der Bäume gelauscht, auf einer Wiese gelegen und die Wolken beobachtet oder auf sonst eine Art Müßiggang gepflegt oder etwas nur für sich getan, ohne für Ihr Tun oder Nichtstun einen triftigen Grund gehabt zu haben, z.B. Krankheit oder einer Krankheit vorbeugen, etwas geschafft haben, Informiert sein müssen? Mit der Angst davor, sich selbst etwas Gutes zu tun, oder nichts zu tun, sind wieder viele andere Ängste verknüpft. Da ist die Angst vor Langeweile, Ablehnung zu erfahren, als egoistisch, selbstsüchtig oder rücksichtslos eingeschätzt zu werden oder sich selbst so zu sehen, gegen Verhaltensregeln zu verstoßen, Gefühle zu leben und zu erleben, etwas anderes deshalb nicht zu schaffen, andere, z.B. den Partner, die Kinder – und nicht nur die, zu vernachlässigen – und noch mehr Ängste könnten hier aufgezählt werden.

Sich Gutes tun und nichts tun – wie stark ist die Angst davor?

Wie andere Ängste hat auch die Angst, sich etwas Gutes zu tun, und mal nichts zu tun, einen Sinn. Und zwar bewahrt sie uns davor, uns zu verhalten, als wären wir allein auf der Welt und deshalb aus dem Zusammenleben mit anderen ausgeschlossen. Auch davor, daß wir träge sind, was unserem Wohlbefinden nicht gerade zuträglich ist. In der heutigen Zeit tun wir aber schon fast gewohnheitsmäßig etwas ganz anderes – wir vernachlässigen uns selbst und haben solche Verhaltensweisen zur Gewohnheit werden lassen, die uns selbst nicht guttun:

Die Zögerlichkeit, sich Gutes zu tun oder mal nichts zu tun, hat einen Sinn: es bewahrt uns vor Müßiggang.

- wir machen uns Vorwürfe
- ziehen uns – ob wir gemeint sind oder nicht – den Schuh an, wenn andere – Nachbarn, Passanten auf der Straße, der entnervte Verkäufer in der Hutabteilung – etwas Negatives sagen oder komisch gucken
- hetzen durch den Tag
- mehr als notwendig wäre für andere tun.

Und dabei stellen wir uns selbst in den Hintergrund – und das war noch längst nicht alles.

Langeweile ist in unserer Gesellschaft schon fast ein Schimpfwort geworden

Langeweile bezeichnet bei uns einen ungeliebten, zu vermeidenden Zustand, dem auch in der Freizeit der Kampf angesagt werden muß. Schließlich haben wir ja produktiv zu sein und die Zeit effektiv zu nutzen. Selbst im Urlaub schämen wir uns fast, nur am Strand zu liegen und die Wellen zu beobachten, dem Meeresrauschen zu lauschen, die sanfte Meeresbrise auf der Haut zu spüren. Wir sind unzufrieden, wenn die mitgenommen Bücher noch nicht gelesen sind, nicht alle Sehenswürdigkeiten abgegrast wurden, wir noch keinen Surf- oder Segelkurs belegt haben (was die Arbeitskollegin schon im vergangenen Jahr getan hat) und noch nicht einmal die Ansichtskartenpflicht erledigt ist.
Und damit sind wir fast schon bei dem, wo die Angst, sich etwas Gutes zu tun, oder nichts zu tun, zu groß ist. Die Angst ist beispielsweise dann auffällig oder gar krankhaft, wenn wir bei allem, was wir uns gönnen, meinen,

- egoistisch, selbstsüchtig, verantwortungslos und rücksichtslos zu sein
- zuviel Zeit und Geld für uns selbst in Anspruch zu nehmen
- Verpflichtungen und Mitmenschen zu vernachlässigen
- unseren Rollen als Hausfrau, Eltern, vorbildlicher Vorgesetzter etc. nicht angemessen nachzukommen
- mit einem schlechten Gewissen herumlaufen
- uns bei jedem rechtfertigen müssen
- wenn wir unruhig sind, sobald wir mit etwas scheinbar Unproduktivem beschäftigt sind
- eigene Bedürfnisse andauernd aufschieben
- uns Gutes zu tun und Nichtstun als etwas Unwichtiges ansehen.

Bei zu großer Angst verzichten wir auf all das Wichtige, das solch Wohltuendes und auch das Nichtstun im Alltag bringen. Dafür, daß das Gute, das wir uns selbst tun, für unser Wohlbefinden so wichtig ist, gibt es viele Gründe.

- Es fördert Entspannung
- mildert den Frust
- und wirkt Selbstzweifeln entgegen, wenn wir vom Chef für die schnelle Erledigung eines Auftrages, vom Partner für das gute Essen nicht gelobt werden

Sich Gutes tun entspannt und beugt außerdem neuen Spannungen vor.

- es hebt das, was einem trotz Angst und Vermeidenwollen gelungen ist, im persönlichen Erleben stärker hervor, so daß es ebenso wichtig wird wie das, wofür wir uns durch Vorwürfe, Schuldgefühle und was sonst noch alles bestrafen
- es stellt ein Gegengewicht dar zu im Alltag unumgänglichen negativen Rückmeldungen
- hebt den Selbstwert
- beugt depressiven Stimmungen vor
- trägt zum körperlichen Wohlbefinden bei.

Und das war noch nicht alles, was dieses Angenehme zu leisten vermag. In der Muße, der Langeweile regiert das Gefühlsleben mit seiner eigenen Regelhaftigkeit, die uns wie Regellosigkeit erscheint und uns deshalb Angst macht.

Wir erleben unsere Gefühle reiner und intensiver, nehmen uns selbst verstärkt wahr und spüren weniger das, was wir müssen, sondern mehr das, was wir wollen. In solchen Zeiten der Langeweile verlieren Zeit und äußere Zwänge an Bedeutung, so finden

In der Muße regiert das Gefühl anstelle des Zwangs, der sonst unseren Alltag bestimmt.

wir zu unseren tatsächlichen Gefühlen, Wünschen und Bedürfnissen. Dies ist notwendig, damit eine Verarbeitung der Vergangenheit, ein Erleben der Gegenwart, eine Planung der Zukunft in einer für unser Seelenleben günstigen Art und Weise möglich sind. Aber leider, leider haben wir Angst davor, etwas für uns selbst zu tun, und nicht zu tun. Und was kommt dabei heraus? Wir sind frustriert, deprimiert, können nicht mehr genießen, unser Leben besteht aus Anforderungen, wir sind darauf angewiesen, daß andere das für uns tun, was wir nicht für uns selbst tun, z.B. uns loben, uns ein Präsent mitbringen, uns erlauben, ein Bad zu nehmen, gemütlich etwas zu trinken usw., wir nehmen unsere Gefühle, Wünsche und Bedürfnisse nicht mehr wahr.

Oft möchten wir uns Gutes tun, sind aber noch nicht einmal in der Lage, uns vorzustellen, was wir uns eigentlich wünschen.

Wie diese Angst mindern?

Wie soll es denn leichter sein, sich Gutes zu tun oder gar zu faulenzen? – Das ist ganz schön schwer! Schwer ist es – aber keineswegs unmöglich! Schauen wir uns mal an, wie wir es uns leichter machen können. Zunächst müssen wir eine ganz persönliche Liste erstellen, in der wir alle kleinen und großen Dinge im Alltag festhalten, mit denen wir uns ganz persönlich etwas Gutes tun können. Zu diesem Zweck können wir überlegen:

- was wir gerne essen und trinken
- was wir gerne tun würden, wenn wir viel Zeit hätten
- was uns bei der Körperpflege wohltut
- was uns von dem gefallen könnte, was sich andere (Freunde und Freundinnen, Kollegen, Nachbarn und andere Mitmenschen) gönnen, wenn sie sich etwas Angenehmes erlauben
- was wir früher gerne getan haben
- an welchen Orten wir uns gerne langweilen
- was wir uns gerne mal wieder ansehen oder anhören würden
- was uns in der Natur gefällt.

Und das sind nur einige Quellen für Wohltuendes.
Besonders sollten wir dabei an all das denken, was nicht viel Geld kostet und nicht sehr zeitaufwendig ist. Haben wir unsere Liste erstellt, ist es an der Zeit, all das endlich mal wieder auszuprobieren – denn wer weiß, vielleicht ist das eine oder andere

ja doch gar nicht so wohltuend, wie wir gedacht haben. Konkret nachdenken sollten wir auch darüber, in welcher Situation welche Belohnung oder welche Art des Nichtstuns für uns selbst passend ist. Vielleicht cremen wir uns nach dem Kellerputzen lieber lange die Hände ein als eine Portion Eis zu essen, nehmen nach dem Rasenmähen lieber ein ausgiebiges Bad als in Ruhe den Sportteil der Samstagzeitung zu lesen usw. Notwendig ist es zudem, daß wir lernen, den Nutzen des Wohltuenden sowie des Nichtstuns – gegenüber den allgegenwärtigen Kosten – stärker zu gewichten. Dafür sollten wir uns das, was wir dadurch für uns selbst erreichen, möglichst deutlich vor Augen führen.

Hat das Gute auch Nachteile?

Fragen sollten wir uns auch, welchen Nutzen das Wohltuende oder das Nichtstun in der jeweiligen Situation für uns hat und welche Kosten wir dafür in Kauf nehmen müssen, welchen Verpflichtungen wir genau in diesem Moment deshalb nicht nachkommen können, wie wichtig deren Erfüllung gerade dann wäre, wer uns Vorwürfe machen könnte – und welche Nachteile uns da sonst noch einfallen, wenn wir uns in der jeweiligen Situation genau das Gute tun, das wir uns dafür überlegt haben, und genauso wie geplant nichts tun. Dabei stellen wir oft fest, daß wir die vermeintlichen Nachteile zu stark gewichtet haben, unsere Befürchtungen also zu groß sind. Vor- und Nachteile des Angenehmen oder des Nichtstuns können wir allerdings noch realistischer einschätzen, wenn wir all das, was wir uns da so gedacht haben, mal ausprobieren.

Oft entstehen Ängste, weil wir die vermeintlichen Nachteile unproportional stark gewichten. Muß das sein?

Was tun, wenn die Befürchtung sich bestätigt?

So finden wir nicht nur heraus, ob das für uns so richtig ist, sondern tun gleichzeitig etwas gegen unsere Angst davor. In den meisten Fällen stellen wir fest, daß unsere Befürchtungen nicht eintreffen und wir doch keine anderen Pflichten vernachlässigen, nicht von anderen mit Mißbilligung bestraft werden. Zeigt sich, daß eine Befürchtung doch eintritt, sollten wir uns anderes Wohltuendes oder andere Zeiten dafür überlegen – es aber keinesfalls wieder ganz sein lassen mit dem Guten, das wir uns selbst tun.

Eine weitere Ursache, sich selbst etwas Wohltuendes zu gönnen und mal nichts zu tun, besteht darin, daß wir wieder mal zu allgemein denken; dieses allgemeine Denken endet auch hier in Katastrophen: Wenn ich mich jetzt auf den Balkon setze und nichts tue, werde ich die Prüfung nicht schaffen! Wenn ich jetzt in die Eisdiele gehe, ist das Abendbrot nicht rechtzeitig fertig! Solche allgemeinen Gedanken sollten wir konkreter machen, indem wir uns Fragen dazu stellen.

Die Gefahren realistisch einschätzen

Für die erste Beispielkatastrophe geht das so: Wie lange werde ich auf dem Balkon sitzen? Was kann ich dadurch jetzt nicht lernen? Kann ich das zu einem anderen Zeitpunkt lernen? Wann kann ich das lernen? Wie wahrscheinlich ist es, daß ich deshalb durch die Prüfung falle? So können wir die Gefahr realistischer einschätzen, überlegen Bewältigungsstrategien und mindern so die Angst.

Sich etwas Angenehmes gönnen, muß nicht mit Kosten verbunden sein. Manchmal erscheint uns schon Langeweile unbezahlbar.

Entscheidungen treffen

Was entscheiden?

Was ist nur die richtige Entscheidung? – Bestimmt entscheide ich mich falsch! Na, wie oft haben Sie so etwas schon gedacht? Eine Entscheidung treffen zu müssen, ist für uns oft ein Greuel, wir haben Angst davor. Das gilt nicht für solche Entscheidungen, die schwerwiegend und im Alltag nicht oft zu treffen sind: Soll ich nach der Heirat zu den Schwiegereltern ins Haus ziehen? Soll ich mich von meinem Partner trennen? Soll ich mir eine andere Arbeitsstelle suchen? Auch die vielen, vielen Entscheidungen, die zum Alltag gehören: Soll ich am Wochenende jemanden einladen? Soll ich noch einmal in das Geschäft gehen, um den so sympathischen Verkäufer wiederzutreffen? Soll ich das rote oder das schwarze Kleid zur Geburtstagsfeier anziehen? Soll ich heute abend die Steuererklärung machen oder zum Kegeln gehen?, zählen hierzu. Bei all dem haben wir so manches Mal Angst, uns gerade für das Falsche zu entscheiden. Und dann – o Schreck, o Graus, was dabei alles Schlechtes herauskommen kann! Bei einer falschen Entscheidung könnten wir uns blamieren, von anderen belächelt oder schief angesehen werden, zuviel oder zuwenig arbeiten, mehr Geld als nötig ausgeben oder welche Nachteile es bei einer bestimmten Entscheidung sonst noch gibt. Und all das macht uns Angst.

Bei einer Entscheidung steht oft die Angst obenan, man könnte sich gerade in diesem Fall für das Falsche entscheiden.

Angst haben wir auch davor, uns zu voreilig zu entscheiden. Und wieder haben wir dabei spezielle Ängste vor den Nachteilen (den vielen, vielen, die es bei der jeweiligen Entscheidung geben kann, die wir deshalb unnötig in Kauf nehmen). Wir machen genau das Gegenteil, entscheiden uns zu langsam und bekommen Angst:

- werden von anderen als entscheidungsunfähig angesehen
- sehen uns selbst ebenso
- bis wir uns entschieden haben, quälen wir uns

- wir sind unzufrieden
- fühlen uns hin- und hergerissen
- sind unruhig
- sind unsicher
- ängstlich
- fühlen uns hilflos
- sind verzweifelt
- handlungsunfähig
- unsere Gedanken kreisen dauernd um die anstehende Entscheidung
- wir sind von anderen Dingen, z.B. beruflichen Anforderungen, dem Straßenverkehr und vielem mehr, abgelenkt
- sind gereizt
- können uns nicht so richtig freuen
- schauen statt dessen griesgrämig in die Gegend
- bekommen Angst vor künftig zu treffenden Entscheidungen.

Nun gibt es aber auch Entscheidungen, die wir – obwohl wir möchten – nicht selbst treffen können, wenn das vielbeschworene Schicksal, z.B. in Gestalt des Vermieters, der eine Kündigung ins Haus schickt, so daß notgedrungen eine neue Wohnung gesucht werden muß, in Gestalt des Partners, der sich von uns trennt, in Gestalt des Finanzministers, der uns höhere Steuern aufbrummt – und wer oder was da sonst noch darüber bestimmt, was wir tun und wie wir leben. Angst haben wir auch davor – und wieder sind es viele spezielle Ängste –, von anderen bestimmt zu werden, von ihnen abhängig zu sein, uns Wichtiges zu verlieren und Unerwünschtes zu bekommen.

Auch Entscheidungen, die für oder gegen uns gefällt werden, machen uns Angst.

Wieviel Angst dürfen Entscheidungen machen?

Wozu diese Angst? Wozu dieses entsetzliche Herumquälen mit Entscheidungen? Wieder ist die Angst sinnvoll und durchaus nützlich für uns. Sie weist uns darauf hin, daß wir bei unserer Entscheidung etwas tun könnten, das nachteilig sein kann. Auffällig wird die Angst dann, wenn wir darunter leiden.
Weil wir die Entscheidung zu lange aufschieben und die damit verbundenen Qualen (das, was bei einer zu langsamen Entschei-

dung Angst macht) unnötig lange ertragen, uns zu schnell auf eine Entscheidungsmöglichkeit festlegen und deshalb unnötige Nachteile in Kauf nehmen, z.B. was uns bei einer zu voreiligen Entscheidung ängstigt oder wir uns überhaupt nicht entscheiden, sondern warten ab, bis eine Entscheidung hinfällig wird (die Frist für eine Reklamation verstrichen ist, schlechtes Wetter aufzieht, bei dem wir ohnehin keinen Spaziergang machen würden) oder andere für uns entscheiden. Im Moment sind all diese Wege gut für uns; wir sind erleichtert, von den Entscheidungsqualen befreit und können uns wieder auf anderes konzentrieren. Oftmals stellen wir aber schon bald fest, daß das nicht das Wahre ist – Nachteile sind zu groß und überflüssig, Vorteile sind uns entgangen, wir fühlen uns von anderen abhängig, haben den Eindruck, etwas aufgedrückt bekommen zu haben, was uns gar nicht so recht gefällt, zweifeln an uns selbst, sehen uns als unfähig und meinen, von anderen auch so eingeschätzt zu werden, machen uns selbst Vorwürfe und ärgern uns über uns selbst.

Entscheiden – ohne große Angst?

Wie können wir denn nun der zu großen Angst und den ganzen anderen Qualen, wie der Unzufriedenheit, der Hilflosigkeit und vielem mehr entgehen? – Entscheidungen lassen sich ja nun mal nicht abschaffen!

Um was geht es bei unserer Entscheidung? Wissen wir das immer selbst?

Zunächst müssen wir überlegen, was wir eigentlich wollen oder gerne hätten. Was ist z.B. für uns ein angenehmer Urlaub, ein geeigneter Arbeitsplatz, eine passende Wohnung, ein festliches Menü oder worum sich die Entscheidung sonst dreht. Immer wenn uns dazu etwas einfällt, sollten wir das aufschreiben; so ergibt sich eine konkrete Beschreibung dessen, was wir uns wünschen. Am besten deponieren wir dafür je ein Blatt Papier an einem Ort, den wir häufig sehen und der schnell erreichbar ist, z.B. auf den Küchen- oder Schreibtisch, neben das Telefon oder den Fernseher oder anderswo. Aus dem, was wir uns wünschen, ergeben sich Vor- und Nachteile: einen neuen oder den alten Arbeitsplatz, am Geburtstag einen Imbiß oder ein Menü mit fünf Gängen u.ä. Auch das, was uns dazu einfällt, sollten wir schriftlich festhalten. Auf jedes Blatt schreiben wir alle Vor- und Nachteile, sie kommen uns bei den verschiedensten Gelegenheiten in den Kopf: beim Essen, auf der Toilette, in der Schlange im Supermarkt usw. All das sollten wir so bald wie möglich auf unseren Blättern festhalten. Das, was wir aufgeschrieben haben, müssen wir nicht mehr im Kopf haben; wir müssen uns nicht mehr unnötig damit belasten und es hinundherwälzen. So entsteht ganz nebenbei eine Art Stoffsammlung, die zuerst ganz ungeordnet sein kann.

Was auf Zetteln steht, entlastet den Kopf

Eine schriftliche Sammlung von Vor- und Nachteilen macht die Entscheidung leichter.

Bevor wir mit der Stoffsammlung beginnen, sollte ein Zeitpunkt festgelegt werden, an dem wir das Sammeln von Vor- und Nachteilen abschließen wollen: in zwei Tagen, morgen abend, in einer Woche, in zwei Monaten – je nachdem, wann die Entscheidung fällig ist. Mit diesem Sammelsurium von Vor- und Nachteilen ist es noch nicht getan, entschieden ist noch nichts. Im nächsten Schritt ist es notwendig, die Vor- und Nachteile gegeneinander abzuwägen. Auch das sollte nicht im Kopf geschehen – dort gibt es nur ein Chaos, das uns wieder unruhig werden läßt. Leichter ist es, wenn wir mal wieder Stift und Papier (ein Blatt für jede Möglichkeit, für oder gegen, wie wir uns entscheiden wollen) zur Hand nehmen. Jedes Blatt Papier teilen wir durch einen senkrechten Strich in zwei Hälften. In die eine Hälfte schreiben wir alle Vorteile und in die andere Hälfte alle Nachteile jeweils einer Entscheidungsmöglichkeit.
Nun können aber verschiedene Vorteile oder Nachteile einer Entscheidungsmöglichkeit auch unterschiedlich wichtig sein. Auch das müssen wir noch beachten. Das können wir tun, indem wir allen festgehaltenen Punkten eine Zahl von 1 bis 100 zuordnen; dabei bekommt der wichtigste Punkt die Zahl 100, der unwichtigste die Zahl 1, und alle anderen Zahlen liegen dazwischen.
Haben wir nun all das überlegt und mehr oder weniger fein säuberlich auf unseren Blättern festgehalten, wird oftmals auf den ersten Blick deutlich, welche Entscheidungsmöglichkeit wir wählen sollten, z.B. die alte oder eine neue Küche, das Zusammenleben mit dem zukünftigen Ehemann ohne Schwiegereltern oder mit Schwiegereltern etc., nämlich die mit den meisten und wichtigsten Vorteilen und den wenigsten und unwichtigsten Nachteilen.
Es kann passieren, daß auch nach dem ganzen Schreiben noch keine Entscheidungsmöglichkeit als die beste für uns offensichtlich ist und wir noch immer hinundherschwanken. Wozu dann die mühsame Schreiberei? So können wir auch im nachhinein noch sicher sein, daß wir alles durchdacht haben. Aber was

dann? Kriegen Sie keinen Schreck; denn noch einmal wird ein Blatt Papier gebraucht.

Was auf dem Zettel steht, wird überschaubar

Den Zettel unterteilen wir durch senkrechte Striche in so viele Spalten wie wir Entscheidungsmöglichkeiten haben. Dieses Blatt sollten wir dauernd mit uns herumtragen, z.B. die Hosen-, Rock- und Jackentaschen bieten sich hier an. Inzwischen haben wir genug gedacht, Vor- und Nachteile überlegt, nach ihrer Wichtigkeit geordnet und gegeneinander abgewogen; jetzt ist unser momentanes Gefühl gefragt. Wieder nehmen wir uns einen Zeitpunkt vor, an dem wir uns endgültig entschieden haben wollen. In der bis dahin verbleibenden Zeit fragen wir uns immer mal wieder – das kann beispielsweise einmal in der Stunde sein: Wie würde ich mich jetzt entscheiden? Jedesmal machen wir dann bei der Entscheidungsmöglichkeit einen Strich, die wir im Moment gewählt hätten. Ist die Zeit abgelaufen, die wir uns hierfür gegeben haben, zählen wir die Striche in jeder Spalte und entscheiden uns jetzt endgültig für die Möglichkeit mit den meisten Strichen. Es mag Ihnen lästig erscheinen, so etwas aufzuschreiben. Die Erfahrung zeigt aber, daß ein solches Vorgehen viele Vorteile hat: all das, was sonst im Kopf herumschwirrt oder dort ein Chaos verursacht, haben wir vor Augen, und der Kopf ist wieder frei. Oft liegt eine zunächst so schwer erscheinende Entscheidung uns dabei sozusagen vor Augen. Sich im nachhinein als unüberlegt und voreilig herausstellende Entscheidungen, die wir beispielsweise deshalb treffen, weil irgendwann die Zeit drängt oder die Qualen des Entscheidungskonflikts nicht mehr zu ertragen sind, kommen seltener vor.

Entscheidungen in verschiedenen Stadien durchspielen – was wäre, wenn?

Entscheidungen, auf die wir keinen Einfluß haben

Das heißt nicht, daß wir nichts mehr ohne Papier und Bleistift entscheiden sollten. Da verlören wir ja schließlich noch mehr von unserer ohnedies in der heutigen Zeit schon stark eingeschränkten Spontaneität. Im Alltag gibt es dauernd Entscheidungen, bei denen wenige Vor- und Nachteile zu berücksichtigen sind; und das schaffen wir mit dem gleichen Vorgehen auch im Kopf.

Zunächst sollten wir prüfen, ob wir die Entscheidung tatsächlich so hinnehmen müssen. Nicht jede Wohnungskündigung ist z.B. berechtigt. Feststellen sollten wir auch, ob wir alle auf den ersten Blick unumgänglichen Nachteile in Kauf nehmen müssen: Vielleicht gibt es einen Grund, warum die Steuererhöhung uns doch nicht trifft. Auch sollten wir uns fragen, ob wir Wichtiges, das verlorengeht, nicht auf andere Weise haben können, z.B. Geborgenheit finden wir vielleicht auch bei einem anderen Partner. Nun gibt es dabei oft auch einiges, was wir so hinnehmen müssen, wie es entschieden wurde. Und dafür gilt es zu überlegen, wie wir uns das Hinnehmen leichter machen können. Unumgänglich ist es hierbei auch, daß wir uns fremdbestimmt fühlen. Dieses Gefühl können wir leichter ertragen, wenn wir unserem Ärger darüber kräftig Luft machen: das ändert nichts an der Sachlage, aber es erleichtert, und das ist ganz wichtig. Weniger schlimm ist das Fremdbestimmtsein auch dann, wenn wir möglichst alles, was wir beeinflussen können, auch tatsächlich bestimmen; und da gibt es vieles.

Das Gefühl des Fremdbestimmtseins läßt uns in bestimmten Situationen nicht los – hier müssen wir lernen, besser damit umzugehen.

Komplexe Ängste

Angst vor Menschenmengen, engen Räumen, Höhen und Tiefen, Autofahren, Panikattacken, Schwindel

Warum so ein weites Feld?
Was ist komplex an dieser Angst? – Warum sind es so unterschiedliche Angstmacher? Anders als bei den anderen Ängsten in diesem Buch ist die komplexe Angst – sie heißt auch Agoraphobie – nicht wirklich eine einzelne Angst, sondern es ist ein Spektrum von Ängsten vor Verschiedenem; wir haben nicht nur vor einem Reiz Angst, sondern vor mehreren, das können Situationen, z.B. Menschenmengen, Höhen, enge Räume u.ä. ebenso sein wie etwas, das in uns selbst passiert, wie Gedanken und Körperempfindungen – einschließlich den Symptomen dieser Angst. Und noch einen anderen Unterschied zu den anderen Ängsten in diesem Buch gibt es; bei der komplexen Angst handelt es sich um eine auffällige oder gar krankhafte Angst, die wir hier besprechen wollen, weil sie sehr, sehr häufig vorkommt. Sehen wir uns zunächst mal einige Situationen an, die angstauslösend sein können, wenn eine Agoraphobie oder multiple Situationsphobie – eben die Angst vor mehreren Situationen – besteht:

Die Angst vor mehreren Situationen – die Agoraphobie – kommt recht häufig vor.

- Warteschlange im Geschäft, Supermarkt oder Kaufhaus
- Kaufhaus, Kino, Theater, Museum, Schulraum, Saal, Station, Halle
- Fahrstuhl, Flugzeug, Bus, Eisenbahn, Auto, U-Bahn, Schiff
- offenes Feld, tiefer Wald, große Plätze, freies Wasser
- Essen im Restaurant, Friseur
- Tunnel, Parkhaus, Tiefgarage, Schwimmbad
- hohe Orte (Turm, Bergspitze, Hochhaus, Brücke)
- Straßen, Autobahnen

- Verkehrsstau, rote Ampel, aufgezwungenes Gespräch
- Party, Feierlichkeit, Hochzeit, Taufe, Beerdigung, Versammlung
- allein zu Hause
- eintönige Arbeiten im Haushalt und Beruf, z.B. Bügeln, Tätigkeiten am Fließband
- langweilige Fernsehsendung
- wach im Bett liegen
- entfernt von zu Hause
- entfernt von sicheren Orten (Arzt, Klinik, Polizei)
- an sicheren Orten (Wartezimmer eines Arztes, am EKG auf Fahrrad-Ergometer, im Bett in der Klinik, im Krankenwagen mit oder ohne Blaulicht)
- Gedränge, Menschenauflauf.

Das soll reichen, aber alle hier angstauslösenden Situationen waren das noch lange nicht. Dieser Liste sei eine anekdotische Aufstellung von Situationen gegenübergestellt, in denen Panikattacken äußerst selten – vielleicht nie auftreten:

Passivität und Monotonie kennzeichnen Situationen, in denen wir in Inaktivität verharren müssen.

- während des Beischlafs
- während starker körperlicher Anstrengung
- während eines Wutausbruchs
- während starker engagierter geistiger Anstrengung (Vortrag, Predigt, Computerarbeit, interessantes Gespräch, Prüfung)
- in einer Schrecksituation
- im Orientierungsreflex
- bei starken Schmerzen
- in realen Angstsituationen (Einbrecher, Vergewaltiger, zudringlicher Ehemann, Hund).

Sehen wir uns diese beiden Listen an, können wir feststellen, daß die zentralen Symptome in solchen Situationen vorkommen, ein gemeinsames Merkmal haben – und zwar das Erleben von subjektiver Monotonie und Passivität. Was ist damit gemeint? Es handelt sich nicht um einen Mangel an äußeren Reizen, denn ein solcher ist zum Beispiel am Samstag um 12 Uhr in einer Warteschlange im Supermarkt nicht gegeben.

Gemeint ist vielmehr ein Zustand, in den wir geraten, in Situationen, bei denen zwar ein gewisses Ausmaß an Aufmerksamkeit notwendig ist, zugleich aber nur Routinehandlungen oder gar völlige Inaktivität gefordert sind. In Situationen dieser Art

passiert nichts, was uns in unserem Erleben und Denken berührt, dennoch können wir uns diesen Situationen nicht einfach entziehen.

Es ist nicht anzunehmen, daß etwas passiert. Aber die Angst, daß etwas passieren könnte, ist trotzdem da.

Wie zeigt sich die komplexe Angst?

Ist denn nun jede Angst vor solchen Situationen auffällig oder gar krankhaft? – Da gibt es doch manches, das wirklich gefährlich ist! Mit letzterem haben Sie recht, und deshalb ist auch nicht jede Angst vor solchen Situationen auffällig oder gar krankhaft. Den Situationen angemessen ist die Angst dann, wenn sie uns veranlaßt, tatsächlich gegebenen Gefahren vorzubeugen, z.B. in einer Warteschlange an der Wurstecke darauf zu achten, daß wir anderen nicht auf die Füße treten. Obacht geben, daß wir uns auf einem Turm oder einer Brücke nicht zu weit über das Geländer lehnen, in einem Stadtbus einen Sitz-

Panikattacken machen Angst. Es entsteht Angst vor der Angst. Schließlich wird die angsteinflößende Situation ganz gemieden.

platz suchen, um bei scharfem Bremsen nicht umzufallen, und anderes Nützliches zu tun oder zu lassen.

Bei der komplexen Angst ist die Angst jedoch deutlich größer und inhaltlich anders, als sie bei den bestehenden Gefahren angemessen ist, zum Beispiel: Ich habe Angst, im Bus zu ersticken oder ohnmächtig zu werden! Anstelle der angemessenen Angst, beim scharfem Bremsen könnte ich umfallen, wenn ich nicht sicher stehe oder einen Sitzplatz habe! Woran ist eine Agoraphobie zu erkennen? Anhand der Symptome ist sie zu identifizieren; und die Symptome sehen wir uns jetzt an: Mehrere Situationen lösen Angst aus.

Panikattacken treten auf – ein Zustand mit Angst vor:

- Tod, Herzinfarkt, Ohnmacht
- Kreislaufkollaps, Verlust der Selbstkontrolle
- Verrücktwerden, Ersticken, Erblindung
- verwirrtem Reden, Stuhl- oder Harndrang, irgend etwas mit Übelkeit
- Schwitzen, Atemnot, weichen Knien

- Herzklopfen, Herzjagen und Herzstolpern
- Zittern, Kloß im Hals, trockene Kehle
- Hitzewallungen und Erröten
- Kribbeln in den Fingern, Armen und Beinen
- Druck oder Engegefühl in der Brust mit Desorientierung
- Schwindel wird erlebt: alles wie durch einen Schleier wahrnehmen, eingeengtes Gesichtsfeld, Verstärkung durch schnelle Kopfdrehung, wie betrunken
- Ohnmachtsgefühl, Schwanken des optischen Bildes, wie Watte im Kopf
- Schwanken und Taumeln beim Gehen (tatsächlich oder subjektiv empfunden)
- es entsteht Angst vor den Panikattacken und dem Schwindel – Angst vor der Angst
- die angstauslösenden Situationen werden gemieden oder können nur unter sehr starker Angst ertragen werden.

Das ist das Wichtigste, woran eine Agoraphobie zu erkennen ist; haben wir diese Angst, müssen jedoch nicht alle diese Symptome vorhanden sein. Mit dieser komplexen Angst kann es so weit gehen, daß wir nicht mehr aus dem Haus gehen, nicht mehr einkaufen, nicht mehr mit dem Auto fahren – und vieles andere.

Komplexe Angst – Was können wir ändern?

So schlimm kann diese Angst also sein! – Was können wir dagegen machen?
Es sei hier gleich gesagt, daß eine Angstminderung ohne fachkundige Hilfe nur schwer oder kaum zu erreichen ist. Angstzustände mit den beschriebenen körperlichen Symptomen können durch organische Störungen oder Erkrankungen wie Herzfehler, mangelnde Versorgung des Gehirns mit Sauerstoff, was wiederum vielfältige Ursachen haben kann, z.B. unzureichende Gehirndurchblutung, Lungen- und Kreislaufschwäche, Herzinfarkt etc., Asthma-Anfälle, akute Unterzuckerung, zu niedriger Blutdruck, Schilddrüsenüber- oder -fehlfunktion. Deshalb ist es wichtig, sich einer gründlichen körperlichen Untersuchung zu unterziehen, um festzustellen, ob körperliche Ursachen zur Entstehung oder Verstärkung der komplexen Phobie beitragen.
Auch ungünstige Ernährungs- und Bewegungsgewohnheiten können die komplexe Angst verstärken.
So kommt es beispielsweise zu einer Verstärkung der komplexen Angst bei zu hohem Kaffee- und Fruchtsäurekonsum sowie bei

Angstminderung ist ohne fachkundige Hilfe oft nicht zu erreichen.

Bewegungsmangel. Eine Veränderung solcher Gewohnheiten kann helfen, diese Angst zu mindern, ist jedoch allein nicht ausreichend.

Der Annäherungs-Vermeidungs-Konflikt

Eine wesentliche Ursache der komplexen Angst ist ein als unlösbar erlebter Annäherungs-Vermeidungs-Konflikt. Dies ist ein Konflikt, bei dem wir andauernd hin- und hergerissen sind, etwas zwar einerseits wollen, andererseits aber eben auch wieder nicht. Solche Konflikte können beispielsweise entstehen im Zusammenhang mit der

- Ablösung von Eltern
- persönliche Anbindung nach einer Heirat
- Machtverhältnissen in der Ehe (mit oder ohne Trauschein), der Familie (Schwiegereltern, Vorgesetzter, Kollegen)
- Konkurrenz im Beruf, Wartephasen (vor Beginn der heißen Prüfungsvorbereitungen, vor der Eheschließung, dem beruflichen Neuanfang oder anderem)
- Verlust oder Trennung von einer geliebten Person
- häusliche Anbindung durch die Geburt eines oder eines weiteren Kindes
- Torschlußpanik durch eigene Krankheit, Unfall oder Operation sowie durch Tod, Krankheit, Unfälle oder Operationen verwandter, bekannter oder unbekannter Personen.

Und das waren nur einige von Hunderten von Beispielen, die hier genannt werden können.

Dabei entstehende, als unlösbar erlebte Annäherungs-Vermeidungs-Konflikte erzeugen ein Gefühl der Niederlage und des Niedergeschlagenseins.

Etwas wollen und lieber doch nicht wollen bringt Menschen in schwere Konflikte.

Liegt ein solcher Konflikt vor, versuchen wir zunächst bewußt, später aber auch unbewußt, diesen Konflikt zu bewältigen. Kommt über Wochen und Monate keine Lösung dieses Konflikts zustande, wird eine der beiden Tendenzen – die Annäherungs- oder die Vermeidungsbestrebung – zunehmenden Verdrängungsprozessen unterworfen. Dies hat zur Folge, daß der Konflikt teils bewußt und teils unbewußt weiterbesteht. In subjektiv als monoton erlebten Situationen setzt normalerweise eine stimmungsaufhellende oder positive Gedankentätigkeit ein, um diese Situation auszufüllen, zu überbrücken, auch können es eigene Aktivitäten sein, z.B. Bewegung, interessante Gespräche, Lieblingslieder singen – oder anderes, woran wir selbst aktiv beteiligt sind und das uns selbst angeht. Das Zustandekommen entsprechender Gedanken oder Aktivitäten wird bei Bestehen komplexer Angst blockiert durch den teils bewußten und teils unbewußten Annäherungs-Vermeidungs-Konflikt. Durch eine solche Blockade kommt es zu kompensatorischen Unruhe- und Erregungszuständen – es kommt zu Panikattacken und Erregungsschwindel.

Die bestehenden Konflikte analysieren und bearbeiten

Sind die Konflikte so schwer und andauernd, daß sie die komplexe Angst verursachen, ist es unbedingt ratsam, hierbei fachkundige Hilfe in Anspruch zu nehmen: denn der Konflikt und die Gedanken darüber sind in diesem Stadium des Bestehens meist schon so festgefahren und undurchsichtig miteinander verflochten, daß es kaum möglich ist, Festgefahrenes einfach so anders zu denken und das Gedankengewirr zu durchblicken.
Hilfreich ist es auch, in angstauslösenden Situationen die subjektiv erlebte Monotonie und Passivität bewußt zu reduzieren. Das können wir tun, indem wir gerade dann, wenn wir uns in solchen Situationen befinden, im Bus fahren u.ä., über etwas intensiv nachdenken, das uns selbst und unsere Lebenssituation betrifft, uns bewegen, mit anderen ein Gespräch anfangen, singen und pfeifen, vor uns hin schimpfen – und anderes tun, was die Passivität und die uns selbst betreffende Monotonie verringert. Damit tun wir bewußt genau das, was durch den ungelösten Konflikt nicht automatisch passiert, weil es blockiert ist. Auch wenn es dadurch gelingt, die ängstigenden Situationen besser zu ertragen, bedeutet das keinesfalls, daß der zugrundeliegende Konflikt nicht mehr gelöst werden müßte. Eine weitere wichtige Ursache der komplexen Angst ist das Unterdrücken vitaler Gefühle, besonders der angstauslösenden, wie Ärger und Trauer. Fressen wir Gefühle andauernd in uns hinein, bleiben sie unbewältigt bestehen. Erinnern Sie sich? – Das hatten wir beim Thema Gefühle leben und erleben! In Situationen, in denen wir passiv sind und nichts passiert, das uns selbst oder unsere Lebenssituation betrifft, haben die unterdrückten Gefühle – ebenso wie die ungelösten Konflikte – wieder Platz, sich bewußt oder unbewußt breit zu machen, wieder aufzutauchen. Wieder kommt es zu einer Blockade des Verhaltens. Erregungssteigerung und innere Unruhe ist das, was wir dann spüren.

Wenn wir in Inaktivität verharren müssen, einfach eine Situation herstellen, die weder passiv noch monoton ist: singen, pfeifen, Walkman hören.

Was ist also zu tun?

Wir müssen wieder lernen, Gefühle zu leben und zu erleben als das, was sie sind, und dort, wo sie entstehen, z.B. den Ärger im Streit mit dem Nachbarn, die Trauer beim Weinen nach dem Erhalt einer Todesnachricht: Jetzt und sofort, nicht Stunden, Tage oder Wochen später als Angst im Kaufhaus, im Flugzeug, bei einer Familienfeier oder anderem.

Nicht alle Gefühle sind Gefühle der Angst. Bewußt Gefühle wieder differenzieren lernen!

Häufig wird beim Bestehen einer Agoraphobie jedwede Gefühlsregung sofort als Angst gedeutet. Bei anderen Gefühlen gibt es körperliche Reaktionen, die denen der Angst ähnlich sind, z.B. Beklemmung in der Brust, zugeschnürter Hals, Kribbeln in Armen und Beinen und anderes. Eine körperliche Reaktion wird wahrgenommen und sofort zu stark verallgemeinert oder übergeneralisiert, bewußt oder unbewußt darauf geschlossen, daß es Angst ist. Wichtig ist es deshalb, wieder eine differenzierte Wahrnehmung von Gefühlen zu entwickeln. Vielleicht sollten Sie hier den Abschnitt über Angst vor Gefühlen zu Rate ziehen. Ein Mangel an zutreffenden Information über bestehende Gefahren trägt zur Verstärkung der Angst bei; dabei können Informationen verschiedenster Art fehlen oder falsch sein, wie über die angstauslösenden Situationen, die körperlichen Reaktionen und anderes.

Besser informieren

Informationsmangel trägt dazu bei, daß die Bedrohlichkeit äußerer und innerer Reize überschätzt wird. So werden die körperlichen Reaktionen sehr häufig gedeutet als Anzeichen für eine schwere Krankheit, was wiederum die Angst und Panik verstärkt, z.B. wenn mein Herz rast, steht ein Herzinfarkt bevor, wenn ich mich schwindlig fühle, ist das ein Zeichen für einen Hirntumor, und andere Befürchtungen kommen so zustande. Daher ist es notwendig, zutreffendes Wissen über das Beängstigende aufzubauen. Besonders wichtig ist es zu wissen, daß – wenn keine körperliche Störung oder Erkrankung feststellbar ist (das klärt der Arzt) – Panikattacken und Schwindel normale Körperreaktionen darstellen, die im Moment sehr stark auftreten, aber für den Körper nicht schädlich oder gar gefährlich sind. Verschlimmern kann sich die Agoraphobie zudem durch zu allgemeines, in Katastrophen endendes Denken: Wenn mir im Auto schwindelig wird, verursache ich einen schweren Unfall!

Wenn ich zittere, denken die anderen schlechter über mich!
Wenn mein Herz rast, bekomme ich einen Herzinfarkt!
Dieses zu allgemeine Denken muß auch hier zu konkretem Denken werden. Dies erreichen wir wieder dadurch, daß wir uns zu dem, was uns Angst macht, konkrete Fragen stellen. Sehen wir uns das hier für den Katastrophengedanken genauer an: Wenn ich in der Fußgängerzone ohnmächtig werde, kümmert sich niemand um mich, und ich sterbe! Dazu können wir uns Fragen stellen.

Den Katastrophengedanken gründlich hinterfragen

- Wie wahrscheinlich ist es, daß ich in der Fußgängerzone ohnmächtig werde?
- Wo genau werde ich ohnmächtig?
- Falle ich plötzlich um oder kann ich mich noch setzen?
- Sind dort andere Menschen?
- Wie viele andere Menschen sind da?
- Wie wahrscheinlich ist es, daß andere meine Ohnmacht bemerken?
- Wie könnte mir jemand helfen?
- Wie wahrscheinlich ist es, daß jemand hilft, daß jemand einen Rettungswagen ruft?
- Wie lange bin ich ohnmächtig?
- Wie wahrscheinlich ist es, daß mir geholfen wird, wenn ich ohnmächtig ins Krankenhaus komme?
- Wie groß ist die Wahrscheinlichkeit, daß ich deshalb sterbe?

Näher betrachten, was die Angst auslöst – sogar an Ort und Stelle, um ein wirklich realistisches Bild zu bekommen.

Und so geht das auch bei anderen, zu allgemeinen Gedanken. Solche konkreten Überlegungen helfen, die Lebensgefahr realistischer einzuschätzen, geeignete Bewältigungsstrategien aufzubauen und so die Angst zu mindern.

Auch bei der Agoraphobie ist es notwendig, daß wir uns den angstauslösenden Situationen stellen. Nur so können wir – mal wieder am eigenen Leibe – erfahren, daß die Angst auch dann weniger wird, wenn wir in der Situation, z.B. im Kaufhaus, im Fahrstuhl, auf dem Turm usw., sind und wir Gefahren überschätzt haben. Auch können wir so geeignete Bewältigungsstrategien für vorhandene Bedrohung in der Realität erproben und feststellen, daß wir mit der Situation fertig werden. Bevor wir uns der realen Situation aussetzen, können wir das zunächst in der Vorstellung tun.

Muß man sich grundsätzlich fürchten, wenn es dunkel ist, wenn man weiblich ist, wenn die Gasse schmal ist, wenn man allein unterwegs ist? Soll man diese Situation meiden? Sich ihr stellen? Eine bestimmte Sportart erlernen, die einen sicher macht? Das Risiko locker sehen, gar ignorieren?

Angst zulassen – nicht wegschieben

Dabei kommt es darauf an, daß die Vorstellung so lebendig und wirklichkeitsgetreu wie möglich ist. So verarbeiten wir einen Teil der Angst vorweg, so daß wir in der realen Situation keine maximale Angst erleben. Auch können wir in der Vorstellung Bewältigungsstrategien überlegen und durchspielen und unsere Einschätzung bestehender Gefahren verändern, so daß sie den tatsächlich gegebenen Bedrohungen gerecht wird. Aber dann geht mal wieder kein Weg daran vorbei, wir müssen in die Situation, in die Wirklichkeit und dort unsere Angst mit den Panikattacken und dem Schwindel erleben: Autofahren, einen Zug und Bus besteigen, in einer langen Schlange an der Kasse stehen, ins Kino oder eine Kirche gehen, auf einem Turm oder anderswo hoch oben stehen, uns in einer engen Duschkabine aufhalten und so weiter und so fort. Aushalten müssen wir es in der Situation wieder so lange, bis die Angst weniger wird. Besteht die Agoraphobie über lange Zeit, ist es zusätzlich notwendig, Aktivitäten und soziale Fertigkeiten, z.B. Kontakt zu anderen bekommen, Flirten, Konflikte austragen und anderes, wieder aufzubauen; denn durch das Vermeidungsverhalten sind Aktivitäten in der Regel eingeengt und soziale Fertigkeiten ungenügend geübt. Wie bei allen Ängsten ist es auch bei der Agoraphobie ganz wichtig, die Angst zuzulassen, statt sie wegzuschieben, zu unterdrücken. Das Wegschieben und Unterdrücken steigert nicht nur die Angst, sondern verstärkt auch die Panikattacken und den Schwindel. Leichter ist das, wenn wir immer wieder daran denken, daß Panik und Schwindel normale, im Moment gesteigerte Reaktionen des Körpers sind, diese derzeit sehr starken Körperreaktionen nicht gefährlich sind und die Angst von selbst abnimmt, wenn wir uns dem stellen, wovor wir Angst haben.

Viele Gefühle, oft solche, die wir nur selten erleben, sind ganz normal. Ein bißchen Beklemmung im Flugzeug – wer möchte es missen?

Register

Literatur

Beer, Ulrich: Rezepte gegen die Lebensangst. Antworten auf 100 sehr persönliche Fragen. Düsseldorf 1987
Fensterheim, Herbert/Baer, Jean: Das Anti-Angst-Training. Verlerne deine Unsicherheiten, Ängste und Phobien. München 1990
Fröhlich, Werner: Angst. Die Gefahrensignale und ihre psychologische Bedeutung. München 1982
Rieman, Fritz: Grundformen der Angst. Eine tiefenpsychologische Studie. München 1989
Rost, Wolfgang: Die Gefühle. Ein ausgesprochen emotionales Lehr- und Lesebuch. Hrsg.: Toni Graf von Baumann. Basel 1987
Simon, Franz: Angst, Wut und Schmerz. Dem Leben ist es egal, wie du dich totstellst. Fellbach 1990
Tausch, Anne M.: Gespräche gegen die Angst. Reinbek 1987

Adressen

Wenn Ihnen dieses Buch gefallen hat und Sie mehr über das Thema "Angst" wissen möchten, schreiben Sie uns bitte. Unsere Adresse: Südwest Verlag, Redaktionsleitung "Gesund im Alltag", Goethestraße 43, 8000 München 2. Wir leiten Ihren Brief vertrauensvoll an die Autoren weiter. Beachten Sie auch unseren Leserservice. Er besteht aus anerkannten Fachleuten. Dort werden Ihre Fragen ganz persönlich beantwortet.

Hinweis

Das vorliegende Buch ist sorgfältig erarbeitet worden. Es wurde darüber hinaus von einem unabhängigen Arzt begutachtet und in Ordnung befunden. Dennoch erfolgen alle Angaben ohne Gewähr. Weder Autor noch Verlag können für eventuelle Nachteile oder Schäden, die aus den im Buch gemachten praktischen Hinweisen resultieren, eine Haftung übernehmen.

Bildnachweis

Bavaria: 3 /rechts unten, 32/33, 36, 41, 49, 86; Foto Anger: 17, 45; GPA: 3 rechts oben, 12, 13, 15 (Dettler), 29, 31, 57, 69 (Amon), 73 (Amon); Heidorn: 39; IFA Bilderteam: U4 unten, 1, 67, 79, 82, 90; Look: U4 klein; The Image Bank: U1/groß (Martin), 2/links oben, 25 (jones), 53 (Niedorf); Tony Stone: 19 (Sacks); Paxmann: U1/klein, 5, 9, 24, 34, 50, 76; Rehm: U4/oben, 16, 26, 44, 55, 61, 94; Smollich: 10/11; Wegmann: 2 /links unten; Zeidler-Dumansky: 92/93

Impressum

Redaktionsleitung: Josef K. Pöllath
Umschlaggestaltung und Layout: Christine Paxmann, München
DTP/Satz: Tabularasa, München
Druck: Karl Wenschow GmbH, München
Bindung: Conzella, Pfarrkirchen

Gedruckt auf chlor- und säurefreiem Papier

ISBN 3-517-01383-8